赤《あか》ちゃんがみんな
純《じゅん》粋《すい》でかわいらしい

……とは限《かぎ》らない!?

DREAMWORKS

THE BOSS BABY
ボス・ベイビー

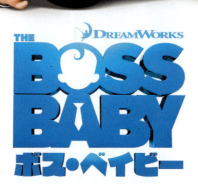

テンプルトン一家《いっか》

テッド&《アンド》ジャニス

ティムのパパとママ。世界《せかい》最大《さいだい》のペット会社《がいしゃ》、ワンワン株式会社《かぶしきがいしゃ》に勤務《きんむ》している。家《いえ》ではティムにおしみない愛情《あいじょう》を注《そそ》ぐ、いい両親《りょうしん》。

ボス

ティムの弟《おとうと》としてテンプルトン一家《いっか》にやってきた。かわいらしいけれど、どうやら何《なに》か目的《もくてき》があるようで…。

ティム

7歳《さい》の男《おとこ》の子《こ》。両親《りょうしん》の愛情《あいじょう》を一身《いっしん》にうけて育《そだ》つ。頭《あたま》がよく、ボスが何《なに》かをたくらんでいることに気《き》づく。

CHARACTER《とうじょうじんぶつ》

STORY《あらすじ》

ぼくはティム。
ある日《ひ》突然《とつぜん》、ぼくの家《いえ》に——

赤《あか》ちゃんが……!?

ティム、この子《こ》があなたの

「弟《おとうと》」よ。

ママとパパとティム、3人《にん》で完璧《かんぺき》な幸《しあわ》せ家族《かぞく》だったテンプルトン家《け》に、新《あたら》しい家族《かぞく》がやってきた。かわいらしいけれど、スーツにブリーフケースって・・・・・・

ちょっとヘン?

弟《おとうと》はママとパパを泣《な》いてこきつかった。ミルクにお風呂《ふろ》にオムツ!!　おかげでママとパパは毎日《まいにち》クタクタだ。

うわあああ〜〜〜ん!!

弟《おとうと》は一《いち》日《にち》中《じゅう》
ママとパパを
独《どく》占《せん》した。

おかげでふたりはクタクタだし、
ぼくは眠《ねむ》れない。
もう、どうにかしてよ!!

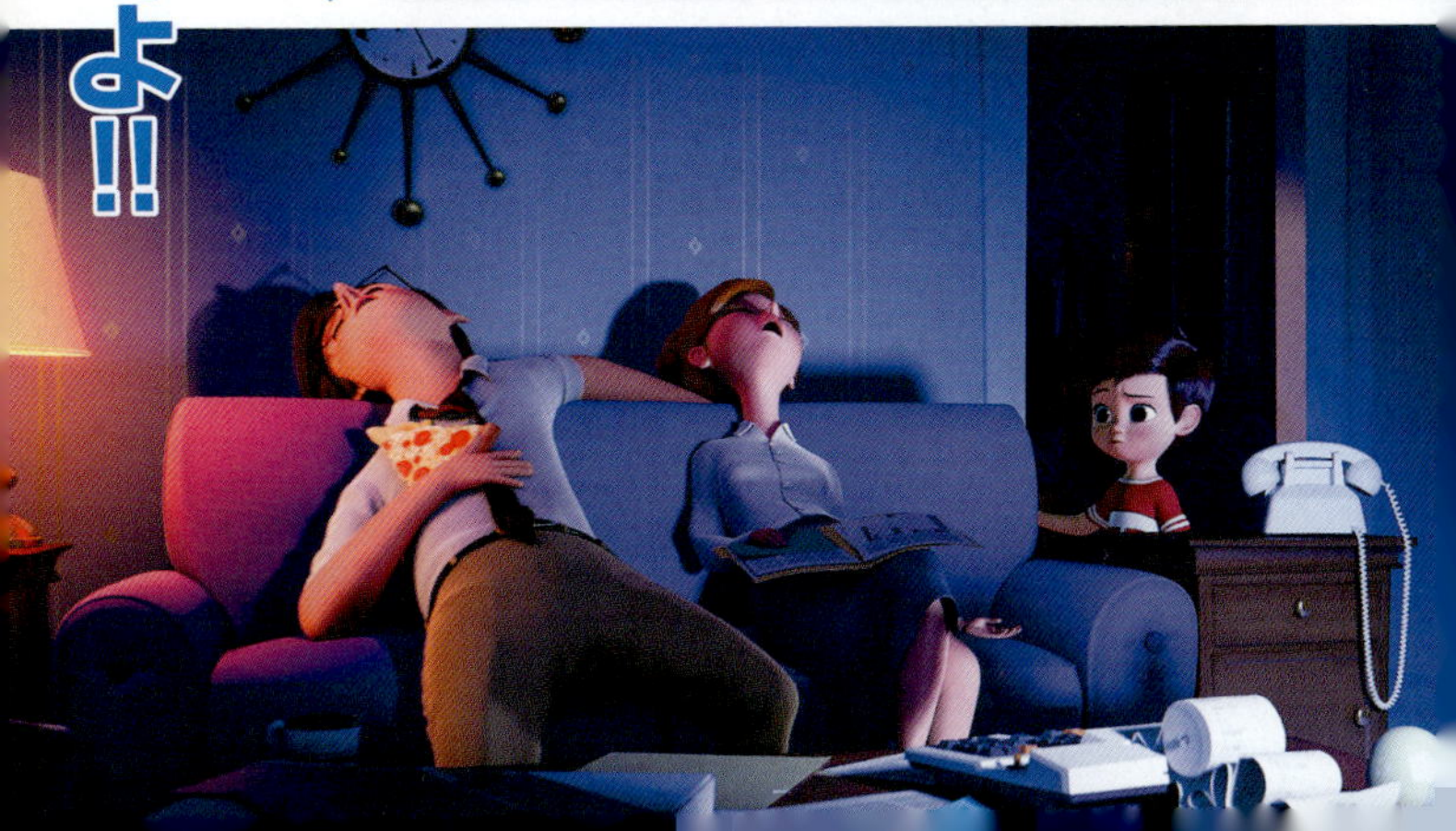

あれ、弟《おとうと》の部屋《へや》から話《はな》し声《こえ》が……

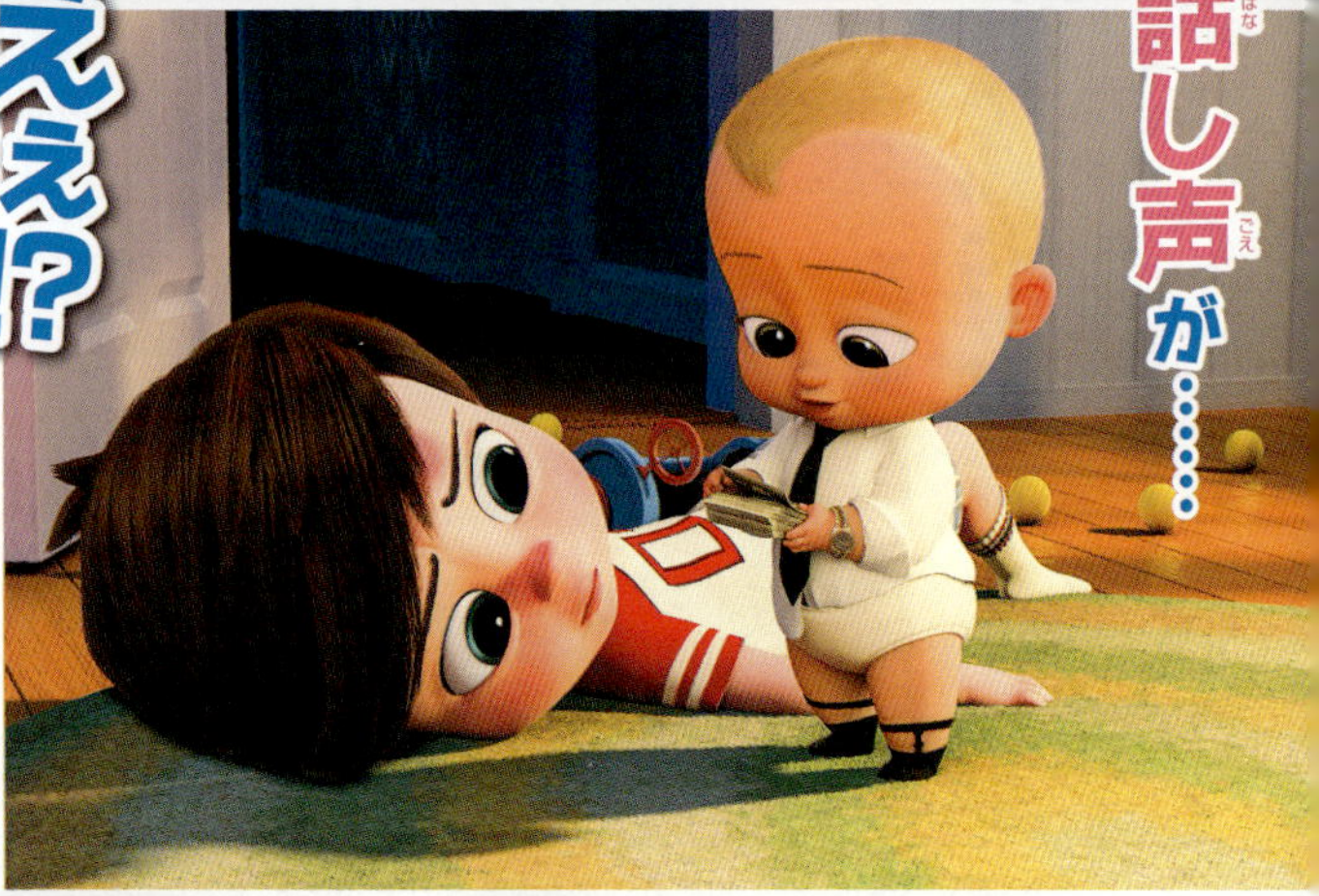

ええ!? 普通《ふつう》の言葉《ことば》で話《はな》してる……!

赤《あか》ちゃんの名前《なまえ》はボス。ティムがにらんだとおり、ボスは何《なに》かをたくらんでいた。ティムを口止《くちど》めするため、ボスは「俺《おれ》の邪魔《じゃま》をするな」と脅《おど》す。そこでティムはボスの正体《しょうたい》が分《わ》かる会話《かいわ》を録音《ろくおん》し、それを両親《りょうしん》に渡《わた》そうとするが……失敗《しっぱい》!

ママもパパもダマされてる…
正体《しょうたい》を知《し》ったら、
追《お》い出《だ》すはずなのに。

そうだ！
証拠《しょうこ》のテープを
ママとパパに聞《き》かせよう！

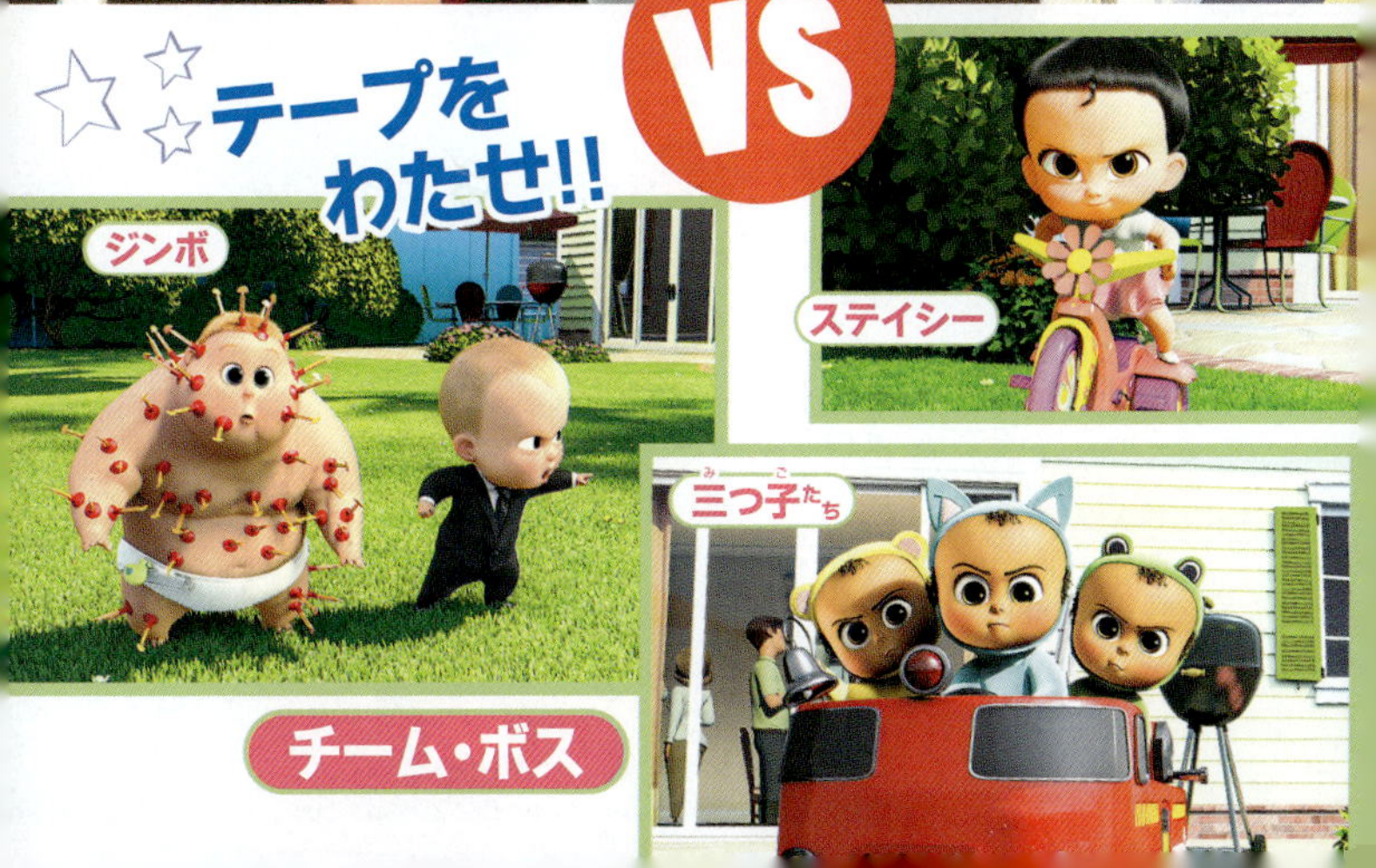
テープを
わたせ!!
VS《ブイエス》
ジンボ
チーム・ボス
ステイシー
三《み》つ子《こ》たち

ティム、何《なに》してる!?
お前《まえ》には、ガッカリだ!

実《じつ》は、おれは、
普《ふ》通《つう》の赤《あか》ん坊《ぼう》じゃない!

知《し》りたくないか——?

両親《りょうしん》に「弟《おとうと》」をいじめていると誤《ご》解《かい》されたティムは3週《しゅう》間《かん》外《がい》出《しゅっ》禁《きん》止《し》に。落《お》ち込《こ》むティムに、ボスが差《さ》し出《だ》したのはおしゃぶりだった。くわえると「すべてが分《わ》かる」という。はたしてボスのねらいとは——!?

ボス・ベイビー

日笠由紀／著

★小学館ジュニア文庫★

プロローグ

ぼくはティム。そして、ここはアフリカのコンゴ。うっそうとしたジャングルの中《なか》だ。木々《きぎ》と草《くさ》が生《お》い茂《しげ》るきびしい環境《かんきょう》になじめた者《もの》だけが生《い》き残《のこ》る。それがジャングルの掟《おきて》だ。しかも、人《ひと》のものを奪《うば》おうとするヤツはどこにでもいる。なぜ知《し》ってるかって？　ぼくも奪《うば》われそうになったからだ。

今《いま》も、大《おお》きなオスゴリラが探検中《たんけんちゅう》のぼくのテントに近《ちか》づき、持《も》ちものを漁《あさ》っている。

やめろ！

ぼくは自分《じぶん》の何倍《なんばい》もあるヤツの体《からだ》に思《おも》いっきり体当《たいあ》たりを食《く》らわせて倒《たお》すと、地面《じめん》にあおむけになり、ヤツをつまさきに乗《の》せてクルクルと回《まわ》した。それから、引《ひ》きずり回《まわ》して、耳《みみ》を引《ひ》っ張《ぱ》り、舌《した》を引《ひ》っ張《ぱ》る。ヤツのメガネは今《いま》にもずり落《お》ちそうだ。

ん？　……ゴリラがメガネ？

「ティム・テンプルトン。悪《わる》ふざけはそこまで。ホットドッグが冷《さ》めちゃうわよ」

声《こえ》のするほうを見《み》ると、赤《あか》い髪《かみ》のメスゴリラがエプロンをつけて料理《りょうり》をしている。

ぼくのママだ。

「ホットドッグ？」

とたんにぼくは笑顔《えがお》になり、戦《たたか》いをやめた。

「さあ、食《た》べよう」

オスゴリラも立《た》ち上《あ》がって嬉《うれ》しそうにぼくを抱《だ》き上《あ》げた。

これがパパ。

……少《すく》なくともぼくの記憶《きおく》ではそうなってる。


このとき、ぼくは7歳《さい》。その年頃《としごろ》の子《こ》どもって、想像《そうぞう》の世界《せかい》で生《い》きてるよね。だから、ぼくはいつもこんなふうに想像《そうぞう》ごっこを楽《たの》しんでいた。今《いま》みたいにジャングル探検家《たんけんか》としてパパとじゃれ合《あ》ったり、深海《しんかい》ダイバーになって、ママとパパを呑《の》みこんだ巨大《きょだい》なサメのお腹《なか》に潜入《せんにゅう》。辛《から》い辛《から》いホットソースを流《なが》しこんで、たまらず吐《は》き出《だ》したサメの口《くち》から見事《みごと》に脱出《だっしゅつ》したり。まあ、最後《さいご》は、お風呂《ふろ》のお湯《ゆ》の中《なか》からママがぼくを助《たす》けてくれるんだけど……。パパがその様子《ようす》をカメラで撮《と》るのが、我《わ》が家《や》のいつものやり方《かた》。補助輪《ほじょりん》なしで自転車《じてんしゃ》に乗《の》る練習《れんしゅう》をするときも、ママとパパに誘導《ゆうどう》してもらいながら……宇宙《うちゅう》を探検《たんけん》しているぼくを想像《そうぞう》するんだ。操縦不能《そうじゅうふのう》になって……つまり自転車《じてんしゃ》が止《と》まらなくなって、ドン！と木《き》にぶつかると、ママとパパがすぐに駆《か》けつけてくれる。

「ああっ！　ケガはない？」

「大丈夫《だいじょうぶ》」

「歯《は》を見《み》せてみて」

歯《は》が折《お》れていないことを確《たし》かめると、ママはぼくをハグして、パパは頭《あたま》をなでた。

こんなふうに、ぼくが両親《りょうしん》を助《たす》けることもあれば、両親《りょうしん》がぼくを助《たす》けることもあった。

そう、ぼくたちテンプルトン一家《いっか》は3人家族《にんかぞく》。

そして「3」は完璧《かんぺき》な数字《すうじ》だ。だって、三角形《さんかくけい》は自然界《しぜんかい》で一番強《いちばんつよ》い形《かたち》でしょ？

だから、トラックがぶつかってきても、強《つよ》くて固《かた》いぼくたちの絆《きずな》にはね飛《と》ばされてしまうし、竜巻《たつまき》だってぼくたちを吹《ふ》き飛《と》ばすことはできない。タイタニック号級《ごうきゅう》の大型船《おおがたせん》が沈《しず》んでもぼくたちは沈《しず》まないし、惑星《わくせい》が落《お》ちてきてぼくたちを呑《の》みこんだとしても、ぼくたちは割《わ》れた惑星《わくせい》の中《なか》から無事《ぶじ》に生還《せいかん》するんだ。

そんなわけで、ぼくはこの世《よ》で一番《いちばん》、幸《しあわ》せな子《こ》どもだった。ママとパパの勤《つと》め先《さき》は世界《せかい》で一番大《いちばんおお》きなペット会社《がいしゃ》「ワンワン株式会社《かぶしきがいしゃ》」。その中《なか》でも、「マーケティング部《ぶ》」っていう、新製品《しんせいひん》を世《よ》に送《おく》り出《だ》す部署《ぶしょ》で働《はたら》いていて、社長《しゃちょう》のフランシスさんから電話《でんわ》で呼《よ》び出《だ》されたときなんて、ふたりともまるでロケットみたいな勢《いきお》いで会社《かいしゃ》に向《む》かうんだ。

でもね、ママとパパは、どんなに仕事《しごと》が忙《いそが》しくても、ぼくとの時間《じかん》を作《つく》ってくれたよ。とりわけ夜《よる》の寝《ね》かしつけタイムは、とても大切《たいせつ》な家族《かぞく》3人《にん》の時間《じかん》だった。

「本《ほん》を3冊《さつ》読《よ》んで、ハグを5回《かい》。それから〝ぼくの歌《うた》〟ね」

「オーケー」

〝ぼくの歌《うた》〟っていうのは、ぼくを安心《あんしん》させてくれて、勇気《ゆうき》づけてくれて、空《そら》に羽《は》ばたいていきたくなるような、そんな歌《うた》。パパがギターを弾《ひ》いて、ママと声《こえ》を合《あ》わせて唄《うた》う。その歌《うた》を聴《き》きながら、ぼくはやがて眠《ねむ》りにつくんだ。

ただ、その夜《よる》はいつもと違《ちが》うことがひとつあった。

「ティム、弟《おとうと》が欲《ほ》しくないか？」

パパにいきなりそう聞《き》かれたからだ。

「いらない。今《いま》、十分幸《じゅうぶんしあわ》せだから」

ぼくはきっぱりと言《い》いきり、仲良《なかよ》しのぬいぐるみ、羊《ひつじ》のメーメーと一緒《いっしょ》に眠《ねむ》りについた。

ママとパパはちょっと困《こま》ったような感《かん》じで顔《かお》を見合《みあ》わせて、ママはふっくらしたお腹《なか》をなでていたようだけど……。ムニャムニャ。

そうして眠《ねむ》りに落《お》ちながら、ぼくの頭《あたま》の中《なか》には、ひとつの疑問《ぎもん》が浮《う》かんでいた。

――そういえば、赤《あか》ちゃんって、どこからくるんだっけ？

第《だい》一《いっ》章《しょう》　赤《あか》ちゃんが来《き》た

赤《あか》ちゃん参《さん》上《じょう》

そんなわけで、弟《おとうと》がやってきた日《ひ》は、いつものように始《はじ》まった。ぼくだって、まさかこの日《ひ》から、人生《じんせい》が大《おお》きく変《か》わってしまうとは思《おも》っていなかったんだ。

「目覚《めざ》めよ、小《ちい》さき者《もの》。午前《ごぜん》7時《じ》じゃ」

目覚《めざ》まし時計《どけい》のウィジーがぼくを起《お》こす。

「おはようウィジー」

ぼくはあくびをひとつしてから答《こた》えた。

「今日《きょう》はどんな大冒険《だいぼうけん》がそなたを待《ま》っておるかのう？」

「んー。アレにしよう！」

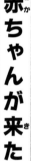

ぼくは壁《かべ》に掛《か》けてある中《なか》から、今日《きょう》かぶる帽子《ぼうし》を選《えら》ぶと、いつものように子《こ》ども部屋《べや》の窓《まど》を開《あ》け、双眼鏡《そうがんきょう》で外《そと》を眺《なが》めた。

ママとパパは、ぼくが想像力《そうぞうりょく》の豊《ゆた》かすぎる子《こ》どもだったと言《い》うけど——そして事実《じじつ》、その朝《あさ》のぼくには、外《そと》の景色《けしき》が溶岩流《ようがんりゅう》と恐竜《きょうりゅう》の世界《せかい》に見《み》えていたけれども——でも、これだけは間違《まちが》いない。赤《あか》ちゃんがきたのは、タ・ク・シ・ーでだったんだ！

タクシーがぼくの家《いえ》の前《まえ》で停《と》まると、中《なか》から小《ちい》さな、そう、赤《あか》ちゃんくらい小《ちい》さな人《ひと》が降《お》り立《た》った。足元《あしもと》は革靴《かわぐつ》。黒《くろ》いスーツにネクタイ。そしてサングラス。でも、ジャケットの上《うえ》にある顔《かお》といい、背丈《せたけ》といい、どう見《み》ても男《おとこ》の子《こ》の赤《あか》ちゃんだ。書類《しょるい》カバンを手《て》に、ダンスのステップを踏《ふ》むように、ぼくの家《いえ》の玄関《げんかん》へと向《む》かってる。こいついったい、何者《なにもの》なんだ？

そいつは、玄関脇《げんかんわき》に転《ころ》がっているぼくの自転車《じてんしゃ》を見《み》ると、補助輪《ほじょりん》をくるんと回《まわ》してから、なんと蹴《け》っとばした！

「おい！　それぼくの自転車《じてんしゃ》だぞ！」

ぼくは、双眼鏡《そうがんきょう》を放《ほう》り出《だ》して1階《かい》へと降《お》りた。速《はや》く降《お》りられるようにキックスケーターで。

するとー、
ピンポーン♪

玄関《げんかん》にはすでにママとパパがいた。その腕《うで》にはスーツ姿《すがた》の赤《あか》ちゃんが抱《だ》かれている。

「ティム、見《み》て♥」

「この子《こ》がお前《まえ》のお・と・う・と、だぞ」

「なんだって？」

「お・と・う・と、だ」

ぼくには何《なに》がなんだか分《わ》からなかった。こいつは誰《だれ》なんだ？　なぜウチにきた？　なんでスーツを着《き》てるの？　ずいぶんとぽっちゃりしてるけど。なぜぼくをにらむんだ？　空《から》手《て》の対戦《たいせん》でもする気《き》？　いったい、どうなっちゃってるんだ？

そいつは、パチンと指《ゆび》をならして右《みぎ》のほうを指《さ》しては、

「オギャー！」

左《ひだり》のほうを指《さ》しては、

「オギャー！」

ママとパパは、そのたびに、ヤツの指示通《しじどお》りに動《うご》いた。

「あっちにいく？」「お腹空《なかす》いたの？　はいミルク」

それなのに哺乳瓶《ほにゅうびん》に添《そ》えられたママの手《て》をパチンと叩《たた》いたりする。


そう。ヤツは我《わ》が家《や》のボスだった。


歩行器《ほこうき》におもちゃの電話《でんわ》をとりつけ、家《いえ》のど真《ま》ん中《なか》にオフィスを構《かま》え、会議《かいぎ》を開《ひら》き、電《でん》話《わ》で招集《しょうしゅう》をかけた。

「オギャー！」

「呼《よ》んだ？」「お人形《にんぎょう》が欲《ほ》しいのかな？」

泣《な》くたびに、ママとパパが飛《と》んでいく。それも一日《いちにち》に何度《なんど》もだ。

ぼくがキッチンで朝食《ちょうしょく》のシリアルを食《た》べているときも、お腹《なか》が空《す》いてイライラしたヤツが投《な》げたおもちゃが飛《と》んでくる。

「オギャー！」

「おっと、今《いま》あげるよ」「はい、あーん」

もちろん、夜中《よなか》でもお構《かま》いなしだ。

「オギャー！」

「今《いま》いく！」「すぐにいくわ！」

泣《な》き声《ごえ》で起《お》こされたぼくのことなんてママもパパも気《き》にしちゃいない。

そして、ミルクが欲《ほ》しかったのに見当《けんとう》はずれなおもちゃを与《あた》えられたりすると、ヤツはかんしゃくを起《お》こしておもちゃを投《な》げ、ひときわ高《たか》く泣《な》き叫《さけ》ぶんだ。

「フーッ、フーッ、フーッ、フーッ、フーーーン、オンギャーーー！」

「哺乳瓶《ほにゅうびん》どこだ？」「早《はや》く哺乳瓶《ほにゅうびん》を持《も》たせてあげないと！」

ママとパパは振《ふ》り回《まわ》されっぱなしだった。起《お》こされたぼくは、枕《まくら》に頭《あたま》を突《つ》っこんだり、バケツを頭《あたま》にかぶってみたりしたけど、どうしたって眠《ねむ》れやしない。

「オムツ！」「哺乳瓶《ほにゅうびん》！」「オムツ！」「哺乳瓶《ほにゅうびん》！」

ママとパパがかわるがわる叫《さけ》びながら廊下《ろうか》をいったりきたりしている。

「パパ、ぼく、眠《ねむ》れないよ」

「だよな。パパもだ。でも今《いま》は、赤《あか》ちゃんに手《て》がかかる時期《じき》だから仕方《しかた》ないんだよ」

ぬいぐるみをどっさり抱《かか》えたパパが、ズレたメガネを直《なお》しながらすまなそうに言《い》う。

「オギャー！」

「じゃ、そういうことで！」

赤《あか》ちゃんの泣《な》き声《ごえ》を聞《き》くと、パパはぼくとの話《はなし》を切《き》り上《あ》げていってしまった。

「よ～しよしよし、パパだよ。パパがきたよ～」

猫《ねこ》なで声《ごえ》のパパ。ヤツはまた哺乳瓶《ほにゅうびん》を支《ささ》えるママの手《て》を叩《たた》いてどけさせた。

その目《め》は、廊下《ろうか》にいるぼくをじっとにらんでいる。

「ぼくは？　ぼくのことはどうでもいいの？」

目《め》の前《まえ》で、赤《あか》ちゃん部屋《べや》のドアが閉《と》じられた。

仕方《しかた》なくぼくは、いつもの想像《そうぞう》ごっこを始《はじ》めることにした。

西暦《せいれき》二〇五七年《ねん》、恐竜《きょうりゅう》の姿《すがた》をしたティラノ少尉《しょうい》と宇宙服《うちゅうふく》を着《き》たぼくは、侵略者《しんりゃくしゃ》、エイリアン・ベイビーに関《かん》する調査《ちょうさ》に出《で》た。あたりをうかがいながら、慎重《しんちょう》に進《すす》んでいく少尉《しょうい》とぼく。怪《あや》しい扉《とびら》を開《あ》けて、中《なか》を覗《のぞ》きこむと——。

洗濯《せんたく》ものの山《やま》、おもちゃ、クマのぬいぐるみ、ベビーサークル、歩行器《ほこうき》、輪投《わな》げにブランコに積《つ》み木《き》にオムツの買《か》いおき——赤《あか》ちゃんグッズがリビングに散乱《さんらん》していた！　キッチンにもベビーカーやベビーチェア、木馬《もくば》——ますます増《ふ》えていく。こんなところじゃ、想像《そうぞう》ごっこも思《おも》うように楽《たの》しめないよ！

そして、ぼくは気《き》づいてしまったんだ。壁《かべ》に貼《は》られたぼくの写真《しゃしん》の上《うえ》から、ヤツの写真《しゃしん》がベタベタと重《かさ》ねて貼《は》られていることに。

——事態《じたい》は、考《かんが》えていた以上《いじょう》にひどいことになっているみたいだ。

それでもなんとか気《き》を取《と》り直《なお》すと、今度《こんど》はダイバーになって、深《ふか》い海《うみ》に潜《もぐ》っていく〝想像《そう》ごっこ〟を楽《たの》しむことにした。お風呂《ふろ》のお湯《ゆ》に潜《もぐ》って、水面《すいめん》を見上《みあ》げると、光《ひかり》がキラキラ揺《ゆ》れて、とてもキレイなんだ。

すると、いきなり**ドボン**！　と、目《め》の前《まえ》に赤《あか》ちゃんのお尻《しり》が飛《と》びこんできた。ママがヤツをお風呂《ふろ》に入《い》れたんだ。ぼくが入《はい》っているのに！

「赤《あか》ちゃん、ハダカじゃないか！」

水面《すいめん》に上《あ》がったぼくが怒《おこ》ると、「ふふふ」とママが笑《わら》う。

「あ！　ぼくもだ」

慌《あわ》てて前《まえ》を押《お》さえたぼくに、ママはさらに「ふふふ」。

「はいチーズ！」

パパがふざけてカメラのシャッターを押《お》す。想像《そうぞう》ごっこという、ぼくのささやかな楽《たの》しみすら、ヤツにぶち壊《こわ》されてしまうんだ。

「もうやめて！」

絶望《ぜつぼう》だ……。

食事《しょくじ》の時間《じかん》なんか最悪《さいあく》だ。

「はーい、ママのかわいい子《こ》ちゃん！」

「いや、君《きみ》はパパのタフガイだよな？」

ママがヤツの口《くち》にベビーフードを入《い》れてやり、パパがナプキンで口《くち》をふいてやる。ヤツはただ座《すわ》って、口《くち》をあ〜んと開《あ》けたり、ふいてもらうために顔《かお》を突《つ》き出《だ》したりするだけだ。

ぼくは、ほったらかしにされて、自分《じぶん》でグラスに牛乳《ぎゅうにゅう》を注《つ》いでいるというのに。

「ところで、フランシスさんといく次《つぎ》の『ペット大会《たいかい》』のことだけど」

「ああ、ラスベガス出張《しゅっちょう》ね。あなたいってくれる？」

「君《きみ》がいきなよ」

「いいえ、あなたがいって。気分転換《きぶんてんかん》してくればいいわ」

「赤《あか》ちゃんはぼくが見《み》るから大丈夫《だいじょうぶ》だって」

「それなら、赤《あか》ちゃんに決《き》めてもらいましょ。パパとママ、どっちと一緒《いっしょ》にいたい？　ママよね？」

「パパだろ？」

ザバー！

ママとパパの会話《かいわ》に気《き》を取《と》られているうちに、手元《てもと》のグラスから牛乳《ぎゅうにゅう》が溢《あふ》れて、テーブルに広《ひろ》がっていた。まったくぼくとしたことが、こんなことでぼんやりするなんて。

「あーもう限界《げんかい》！　ママ、パパ。話《はなし》がある。３人《にん》だけで話《はな》したい」

一大決心《いちだいけっしん》をして、ママとパパに話《はな》し合《あ》いを持《も》ちかけると、ふたりはやっとぼくを見《み》た。

「いいわよ」「なんの話《はなし》だ？」

「そこにいる〝ヤツ〟のことだよ」

「〝赤《あか》ちゃん〟でしょ。なぜ？」

「〝なぜ〟って？　だって、突然《とつぜん》、現《あらわ》れるなんて変《へん》じゃない？　知《し》らないヤツなのに、信《しん》用《よう》できないよ」

ぼくのその言葉《ことば》を聞《き》いて、ヤツはものすごい目《め》でぼくをにらみつけた。

「ティムったらどうしたのよ」

「まだ赤《あか》ちゃんじゃないか」

ママとパパはポカンとしている。

「オギャー」

ヤツは泣《な》き声《ごえ》を上《あ》げ両手《りょうて》でテーブルを叩《たた》いた。この話《はなし》はしたくないってことなんだろう。

「本気《ほんき》でただの赤《あか》ちゃんだと思《おも》ってる？　怪《あや》しんでるのはぼくだけ？」

「アー！」

グイッ！　ガシャン！

ヤツは、テーブルクロスを引《ひ》っ張《ぱ》ってテーブルの上《うえ》の皿《さら》をわざと床《ゆか》に落《お》とした。

「拾《ひろ》うわ」「5秒《びょう》以内《いない》ならセーフだ」

ママとパパがお皿《さら》を拾《ひろ》っている間《あいだ》、ヤツはまたテーブルクロスを引《ひ》っ張《ぱ》った。

グイッ！

負《ま》けずにぼくも引《ひ》っ張《ぱ》り返《かえ》す。

グイッ！　グイッ！　グイッ！　グイッ！　グイッ！

引《ひ》っ張《ぱ》り合《あ》いの緊張《きんちょう》が最高潮《さいこうちょう》に達《たっ》した、そのとき。

ヤツは不意《ふい》にニヤッと笑《わら》うと、いきなりパッと手《て》を離《はな》した。

バッターン！

全力《ぜんりょく》でテーブルクロスを引《ひ》っ張《ぱ》っていたぼくは、思《おも》いっきり後《うし》ろにひっくり返《かえ》った。

「ティム、どうしたのよ？」

「この子《こ》、スーツ着《き》てるよ。おかしくない？」

「そうよ、かわいいでしょ。ちっちゃな大人《おとな》って感《かん》じで」

「それに、大人《おとな》みたいな書類《しょるい》カバンを持《も》ち歩《ある》いてるんだよ」

ぼくの言葉《ことば》にヤツはビクッと反応《はんのう》し、椅子《いす》においていた書類《しょるい》カバンをそっと隠《かく》した。

……もしかして、ぼくたちが話《はな》していること、全部《ぜんぶ》、分《わ》かってるのかもしれないぞ。

「気《き》にならない？　つまりその……変《へん》だと思《おも》わない？」

ぼくが言葉《ことば》を続《つづ》けると、ママとパパは目《め》を見合《みあ》わせてから、

「ティム、お前《まえ》だって、ぬいぐるみのメーメーをつい最近《さいきん》まで離《はな》さなかったじゃないか」

「メーメーとは違《ちが》うでしょ！」

「好《この》みは人《ひと》それぞれ。赤《あか》ちゃんにも個性《こせい》があるのよ」

「どの子《こ》も特別《とくべつ》なんだよ」

ヤツは素知《そし》らぬ顔《かお》でベビーフードをママから食《た》べさせてもらってる。それに、「メーメー」のところで「プッ」とおかしそうに噴《ふ》き出《だ》したのもぼくは見逃《みのが》さなかった。

「いいの？　ウチを乗《の》っ取《と》る気《き》だよ！」

「赤《あか》ちゃんがウチを乗《の》っ取《と》るの？　どうしゅる～？　ホントに乗《の》っ取《と》っちゃう～？」

ママはふざけてヤツとじゃれ合《あ》う。ぼくの言《い》うことにはまったく耳《みみ》を傾《かたむ》けずに。

「ティムも、この子《こ》のことを知《し》ればきっと仲良《なかよ》くなれるさ。この弟《おとうと》が大好《だいす》きになる。ママとパパみたいにな」

パパはヤツのおでこにチューしながらそう言《い》い、席《せき》を立《た》った。

「大好《だいす》きになるって？」

パパにニコニコと笑《わら》いかけていたヤツは、ぼくに目《め》を戻《もど》すと、とたんに挑戦的《ちょうせんてき》な顔《かお》になった。ぼくはママとパパに見《み》られないようにそっとヤツに近《ちか》づき、耳元《みみもと》でこうささやいた。

「お前《まえ》のことを大好《だいす》きになるなんて、絶対《ぜったい》にありえない」

ぼくが小《ちい》さくあっかんべーすると、ヤツはぼくを突《つ》き飛《と》ばしやがった。

赤《あか》ちゃんの正体《しょうたい》はボス・ベイビー

その晩《ばん》。ぼくは、自分《じぶん》の部屋《へや》に戻《もど》ると、ママとパパとぼくが写《うつ》っている家族写真《かぞくしゃしん》の前《まえ》にワイングラスを2つおいた。そしてジュースのパックも。最後《さいご》に絵本《えほん》を3冊《さつ》。

「ねぇ〜、絵本《えほん》を3冊読《さつよ》んで、ハグを5回《かい》。そしていつもの〝ぼくの歌《うた》〟を唄《うた》う時間《じかん》だよ！　早《はや》くきて！」

布団《ふとん》に潜《もぐ》りこんで、ママとパパを呼《よ》んだのに、誰《だれ》もこない。

「それじゃあ、絵本《えほん》1冊《さつ》とハグ3回《かい》、歌《うた》だけでいいから」

……まだこない。

「だったら、歌《うた》だけでもいい……」

……誰《だれ》もこない。

「ママ？　パパ？」

リビングにいくと、ふたりは、いびきをかいてソファでうたた寝《ね》していた。赤《あか》ちゃんの世話《せわ》で疲《つか》れ果《は》てているんだ。

「ねえ、ぼくの寝《ね》る時間《じかん》だよ。どうしてきてくれないの？」

ふたりとも起《お》きない。

ジリンジリン
遠《とお》くで電話《でんわ》がなる音《おと》がすると、ガバッと飛《と》び起《お》きたパパが、携帯電話《けいたいでんわ》にむかって、

「はい、月曜日《げつようび》には必《かなら》ず。フランシスさん」

と答《こた》えた。寝《ね》ぼけて会長《かいちょう》からの電話《でんわ》だと思《おも》っているんだ。ママはママで、

「泣《な》かないで！　お願《ねが》いだから泣《な》かないで！」

と、これまた寝《ね》ぼけて叫《さけ》んでいる。ヤツがギャン泣《な》きしてる夢《ゆめ》を見《み》ているんだろう。

ジリンジリン。ジリンジリン。ジリンジリン。ジリンジリン
リビングの電話《でんわ》をとっても、まだ電話《でんわ》はなり続《つづ》けてる。どこでなってるんだろう……？

ぼくは階下《かいか》から2階《かい》を見上《みあ》げた。

——あー、それがまだなんです。

——分《わ》かってます。言《い》い訳《わけ》はしません。

——ちょっと時間《じかん》はかかっていますが……。

その声《こえ》は、赤《あか》ちゃんの部屋《へや》、つまりヤツの部屋《へや》から聞《き》こえてくる。ぼくは、階段《かいだん》を上《あ》がり、おもちゃの機関銃《きかんじゅう》を手《て》に、部屋《へや》のドアへと忍《しの》び足《あし》で近《ちか》づいた。

——親《おや》のほうはうまくいってます。

——私《わたし》の世話《せわ》にてこずって睡眠不足《すいみんぶそく》ですけどね。私《わたし》に振《ふ》り回《まわ》されて、ふたりとも相当《そうとう》、

参《まい》ってますよ。笑《わら》っちゃうくらい、なすがままです。

大人《おとな》の男《おとこ》の人《ひと》の低《ひく》い声《こえ》だ。ヤツの部屋《へや》に、ヤツ以外《いがい》の誰《だれ》かがいるんだろうか？　ぼくはそっとドアを開《あ》けた。

ドアのすきまから覗《のぞ》くと、ヤツがベビーベッドの上《うえ》に寝《ね》そべって、おもちゃの電話《でんわ》で誰《だれ》かと話《はな》している。でもおかしい。赤《あか》ちゃんの声《こえ》がこんなに低《ひく》いはずはない。

——問題《もんだい》はガキです。何《なに》か勘《かん》づいているかも……。

——でもなんとかしますよ。大切《たいせつ》な〝任務《にんむ》〟ですからね。

そこまで言《い》うと、ヤツはベッドに起《お》き上《あ》がった。

——お任《まか》せください。必《かなら》ずやり遂《と》げますから。

電話《でんわ》が終《お》わりそうだ。その前《まえ》に証拠《しょうこ》をつかまなくちゃ！　ぼくは部屋《へや》の灯《あか》りをつけると、一気《いっき》に部屋《へや》に踏《ふ》みこんだ。

「悪魔《あくま》め！　手《て》を上《あ》げろ！」

「うわ、ビビった！　ウンチもれそう！」

驚《おどろ》いて、ヤツはベビーベッドの上《うえ》で飛《と》び上《あ》がった。

ポンポンポンポンポンポンポンポン！

踏《ふ》みこんだはずみで機関銃《きかんじゅう》が暴発《ぼうはつ》。ぼくが銃撃《じゅうげき》を浴《あ》びている間《あいだ》に、ヤツは、

――ガキをなんとかしないといけないんで。

電話《でんわ》の相手《あいて》に、はっきりとそう言《い》った。

「お前《まえ》、しゃべれるんだな！」

すかさずぼくが叫《さけ》ぶと、

「あー、バブー、ばぶばぶバブー！」

ヤツはいきなり赤《あか》ちゃん言葉《ことば》になってごまかそうとした。でも声《こえ》は低《ひく》いままだ。

「違《ちが》う！　ちゃんとしゃべっているところを確《たし》かに聞《き》いたぞ」

ぼくが引《ひ》き下《さ》がらないと見《み》ると、ヤツは電話《でんわ》をおき、ベビーベッドから降《お》りてきた。

「そうだ、俺《おれ》は話《はな》せる。だからよく聞《き》け。いや、その前《まえ》にダブルエスプレッソを頼《たの》む。それから近所《きんじょ》にうまい寿司屋《すしや》はないか？　スパイシー・ツナロールが食《た》べたいんだ。釣《つ》りは好《す》きに使《つか》っていい」

ハリウッド映画《えいが》の俳優《はいゆう》のような渋《しぶ》い声《こえ》。ヤツはデキるビジネスマンが秘書《ひしょ》に命《めい》じるみた

いな言《い》い方《かた》でぼくに指示《しじ》すると、お札《さつ》をパッとばらまいた。やっぱりただの赤《あか》ちゃんじゃない。

「…お前《まえ》、何者《なにもの》だ?」

「そうだな。俺《おれ》は、〝ボス〟だ」

「〝ボス〟って…。赤《あか》ちゃんだろ? オムツしてるし」

現《げん》にヤツは今《いま》、上《うえ》はワイシャツとネクタイだが、下《した》はオムツ一丁《いっちょう》だ。

「赤《あか》ちゃんだけじゃないぞ。宇宙飛行士《うちゅうひこうし》もレーシングドライバーもオムツだ」

ヤツはそう言《い》いながら、クローゼットにおかれている金庫《きんこ》を開《あ》けた。

「効率《こうりつ》を考《かんが》えろ、テンプルトン。幼児《ようじ》がトイレに費《つい》やす時間《じかん》は平均《へいきん》で年《ねん》に45時間《じかん》だが」

ぼくを名字《みょうじ》で呼《よ》び、金庫《きんこ》の中《なか》から哺乳瓶《ほにゅうびん》を取《と》り出《だ》すと、扉《とびら》を足《あし》で閉《し》めた。

「俺《おれ》はボスだ。だからトイレにそんな時間《じかん》は使《つか》えない。時間《じかん》のムダだ。はっはっは」

笑《わら》いながら、哺乳瓶《ほにゅうびん》のミルクをゴクゴクと飲《の》むヤツに、ぼくは反論《はんろん》した。

「お前《まえ》はぼくのボスじゃない」

「いや、ボスだ」

「違《ちが》うよ」

「俺《おれ》がボスだ」

「違《ちが》う」

「ボスだ」

「違《ちが》う」

「ボスだ」

「違《ちが》う」

「ボスだ」

「違《ちが》う」

ヤツは、ぼくと言《い》い合《あ》いながら軽々《かるがる》とジャンプして、見事《みごと》にベビーチェアに着地《ちゃくち》した。

「ぼくが先《さき》だぞ。ママとパパがお前《まえ》の正体《しょうたい》を知《し》ったら、どうなるかな？」

「あのふたりが俺《おれ》よりもお前《まえ》を選《えら》ぶと思《おも》ってるのか？　あの程度《ていど》の〝業績《ぎょうせき》〟で？」

ぼくが脅《おど》しても、ヤツはまったく動《どう》じずに、ベビーチェアの小《ちい》さいテーブルに乗《の》って、ぼくを挑発《ちょうはつ》してきた。

「ぼくのことなんて何《なに》も知《し》らないくせに」

「そっちがそうくるんなら、分《わ》かった。こっちもそれなりにやらせてもらうぞ」

ヤツは指《ゆび》をパチンとならし、手元《てもと》のファイルを開《ひら》いて読《よ》み上《あ》げ始《はじ》めた。

「ティモシー・テンプルトン。ミドルネームは……〝レズリー〟？　女《おんな》みたいな名前《なまえ》だな？」

さも愉快《ゆかい》そうに、うひゃひゃひゃひゃと笑《わら》う。

「学校《がっこう》の成績《せいせき》は、ほとんどがC《シー》！」

「なんで知《し》ってるんだ！」

「自転車《じてんしゃ》はまだ補助輪《ほじょりん》つきだって？　サーカスのクマだって乗《の》れるぞ、レズリー」

「ああ……」

「年齢《ねんれい》は7歳《さい》」

「7歳半《さいはん》だ」

グー
ヤツはいきなりいびきをかいて眠《ねむ》り始《はじ》めた。そして、こっくりこっくりと揺《ゆ》れた頭《あたま》をテーブルにぶつけたところで突然《とつぜん》、起《お》きて再《ふたた》びファイルを開《ひら》いた。

「仮眠《かみん》した。えーと、なんの話《はなし》だっけ?」

「今《いま》、7歳半《さいはん》……」

「そこだ! お前《まえ》は年《とし》を取《と》った。もう若《わか》いヤツに道《みち》を譲《ゆず》るときだ。お前《まえ》も、古《ふる》いおもちゃには興味《きょうみ》ないだろ?」

ヤツはベビーチェアに立《た》ち上《あ》がると、後《うし》ろからぼくの大事《だいじ》なぬいぐるみを取《と》り出《だ》した。

「メーメー!」

「もっと新《あたら》しくて流行《はや》ってるおもちゃのほうがいいだろ?」

そう言《い》って、今度《こんど》は最新式《さいしんしき》のロボットのおもちゃを出《だ》してきた。

壊《こわ》せ、壊《こわ》せ、壊《こわ》せ……!

そうしゃべり続《つづ》けるロボットを、ヤツはメーメーの上《うえ》に何度《なんど》も叩《たた》きつけた。

「俺《おれ》の・ほうが・新品《しんぴん》! 俺《おれ》の・ほうが・新鮮《しんせん》! ボーン!」

「やめて! ママとパパが愛《あい》してるのは、ぼくのほうだ!」

ヤツが放《ほう》り出《だ》したメーメーを慌《あわ》てて空中《くうちゅう》でキャッチして僕《ぼく》が言《い》い返《かえ》すと、ヤツは木《き》でできたおもちゃのビーズコースターを取《と》り出《だ》した。

「ようし、それでは算数《さんすう》の時間《じかん》だ。愛《あい》の量《りょう》は限《かぎ》られてる。そう、このビーズと同《おな》じだ。これまでふたりの愛《あい》はお前《まえ》だけのものだった。親《おや》の愛《あい》も、時間《じかん》も、注目《ちゅうもく》も。すべてお前《まえ》が独《どく》占《せん》してきた」

ビーズを一《ひと》つひとつ右側《みぎがわ》に寄《よ》せながら、6つのビーズをすべて右側《みぎがわ》に寄《よ》せたところで手《て》を止《と》める。

「だが俺《おれ》が現《あらわ》れた。赤《あか》ん坊《ぼう》の世話《せわ》には、時間《じかん》も」

ピッ。ビーズを3つ左側《ひだりがわ》に寄《よ》せた。

「注意《ちゅうい》も必要《ひつよう》だ」

ピッ。今度《こんど》はビーズを1つ。

「そして愛《あい》はすべて赤《あか》ん坊《ぼう》のものに」

ピッ。残《のこ》りの2つのビーズも寄《よ》せられ、すべてのビーズが左側《ひだりがわ》にそろった。

「分《わ》かち合《あ》えるよ！」

ぼくはたまらなく悲《かな》しくなって叫《さけ》んだ。

「ビジネスを知《し》らないようだな。いいか、テンプルトン。分《わ》かち合《あ》うのは無理《むり》なんだ。愛《あい》は俺《おれ》たちふたり分《ぶん》はない。十分《じゅうぶん》な数《かず》のビーズはないんだ。そして気《き》がつくと」

ハッ！

ヤツは大《おお》げさに息《いき》を呑《の》んでみせると、手元《てもと》にある木《き》のパズルを凹《へこ》みにはめようとして、パズルがどの凹《へこ》みにもはまらないことをぼくに見《み》せつけ、

「ティムの居場所《いばしょ》はない。どこにも居《い》られない。もう適合《てきごう》しないいんだ。ティムはどうなる？」

わざと悲《かな》しそうに言《い》ってから「アッハッハッハ！」と爆笑《ばくしょう》した。そして笑《わら》い終《お》えると、急《きゅう》に真面目《まじめ》な顔《かお》になって、両手《りょうて》の人差《ひとさ》し指《ゆび》をクイっと右側《みぎがわ》に動《うご》かしてみせた。

〝クビ〟という意味《いみ》だ。

「分《わ》かったら邪魔《じゃま》するな。でないとリストラするぞ」

「家族《かぞく》はクビにはできないよ！」

……そうは言《い》ったものの、ぼくは心配《しんぱい》でたまらなくなった。

「……クビに、できるの？」

その晩《ばん》は、メーメーと一緒《いっしょ》にベッドに入《はい》ってからも、ヤツの言葉《ことば》が気《き》になって、なかなか眠《ねむ》れなかった。

第二章《だいにしょう》　ボス・ベイビーとの仁義《じんぎ》なき戦《たたか》い

証拠《しょうこ》をつかめ！

結局《けっきょく》、その晩《ばん》はよく眠《ねむ》れないまま、ぼくは朝《あさ》を迎《むか》えた。ベッドから窓越《まどご》しに見《み》える朝日《あさひ》が、ヤツの顔《かお》に見《み》えるくらい、昨日《きのう》の晩《ばん》の出来事《できごと》は、ぼくの心《こころ》に暗《くら》い影《かげ》を落《お》としていた。

「目覚《めざ》めよ、小《ちい》さき者《もの》。午前《ごぜん》7時《じ》じゃ。目覚《めざ》めよ、小《ちい》さき者《もの》……」

いつもの朝《あさ》のように、目覚《めざ》まし時計《どけい》のウィジーがぼくを起《お》こす。

「なんのために起《お》きるんだよ」

「起《お》きて栄養《えいよう》たっぷりの朝食《ちょうしょく》を！　午前《ごぜん》7時《じ》じゃ」

ウィジーにそう言《い》われて、ぼくはベッドの中《なか》に隠《かく》し持《も》っていたシリアルを食《た》べ始《はじ》めた。

「元気《げんき》がないのは、あの小人《ドワーフ》のせいか？」

「うん」

「では、わしがアイツに大《おお》いなる呪《のろ》いをかけてやろう。『ここは通《とお》さぬぞ！』」

ウィジーは有名《ゆうめい》な映画《えいが》の決《き》めゼリフを気持《きも》ちよさそうに叫《さけ》んだ。

「ムダだよ。パパもママもだまされているから。ヤツの正体《しょうたい》を知《し》ったら追《お》い出《だ》すはずなのに」

「ならば、ご両親《りょうしん》の目《め》を覚《さ》まさなければ！　ここはやはり、呪《のろ》いをかけるべきだぞよ。『ここは通《とお》さぬぞ！　呪《のろ》われよ！　ここは通《とお》さぬぞ！』」

「確《たし》かにそうだね。ママとパパの目《め》を覚《さ》ませばいいんだ」

ぼくはふと、シリアルの箱《はこ》に目《め》をやった。箱《はこ》には、オマケの「スパイメガネ」がついていて、「証拠《しょうこ》をつかめ！」というキャッチコピーが書《か》いてある。

「そうか！　証拠《しょうこ》があればいいんだ！」

「そうじゃ、ヤツの闇《やみ》の魔法《まほう》をあばけ！」

ぼくは張《は》りきって準備《じゅんび》を始《はじ》めた。

まず、机《つくえ》の引《ひ》き出《だ》しからマイクを取《と》り出《だ》し、棒《ぼう》の先《さき》につけて、ランプシェードで音《おと》を集《あつ》める仕組《しく》みの「ガンマイク」を作《つく》る。

「あー、あー、ただいまマイクのテスト中《ちゅう》」

テープレコーダーで録音《ろくおん》ができることを確《たし》かめると、シリアルの箱《はこ》を切《き》り抜《ぬ》いて、「スパイメガネ」を組《く》み立《た》てた。それから、目出《めだ》し帽《ぼう》をかぶり、スパイメガネをかけて変装《へんそう》する。手《て》にはガンマイク、耳《みみ》には録音《ろくおん》する音声《おんせい》を聞《き》き取《と》るためのヘッドフォン。装備《そうび》は完璧《かんぺき》だ。

「アイツを店《みせ》に返品《へんぴん》して、お金《かね》を返《かえ》してもらおう」

「ティム、幸運《こううん》を祈《いの》る。午前《ごぜん》8時《じ》45分《ふん》じゃ」

ウィジーに送《おく》り出《だ》され、ぼくはスパイメガネをかけて廊下《ろうか》に出《で》た。

「ニンジャー!」

こういうときこそ想像《そうぞう》ごっこだ。ぼくは忍者《にんじゃ》となり、廊下《ろうか》の灯《あか》りを消《け》して、暗《くら》い中《なか》を進《すす》んだ。スパイカメラのおかげで、どんなに暗《くら》くても自由自在《じゆうじざい》。

「ニンジャー!」

壁《かべ》に張《は》りつき、床《ゆか》をはい、闇《やみ》の中《なか》をピュンピュンと身軽《みがる》に飛《と》び移《うつ》りながら、ぼくは階段《かいだん》を軽《かろ》やかにすべり降《お》り……るはずだったが、実際《じっさい》は、転《ころ》がっていたヤツのおもちゃを踏《ふ》んづけたはずみで転《ころ》び、ダンダンダンダンダンダンッ！　と階段《かいだん》を転《ころ》がり落《お》ちて……。

「……ニン……ジャー……」

力《ちから》なく階段《かいだん》の下《した》に倒《たお》れた。すると、ドドン、ドドン、と足音《あしおと》が響《ひび》き始《はじ》めた。

「グオー」

何《なに》やら低《ひく》い声《こえ》がする。床《ゆか》に倒《たお》れたぼくの目《め》に入《はい》ってきたのは、大《おお》きな赤《あか》ちゃんが、オムツ一枚《いちまい》で家《いえ》の中《なか》をのっしのっしと歩《ある》いている姿《すがた》だった。そのそばに、小《ちい》さな赤《あか》ちゃんもいる。目《め》が黄色《きいろ》く光《ひか》っているのは、スパイメガネのせいなのだろうが、宇宙人《うちゅうじん》みたいで怖《こわ》い！

「うわあ！」

思《おも》わず叫《さけ》んで、反対側《はんたいがわ》を見《み》ると、リビングの床《ゆか》を、カサカサ、カサカサ、と、これまた別《べつ》の赤《あか》ちゃんたちが走《はし》り回《まわ》っている。そしてすっくと立《た》ち上《あ》がると、ぼくのほうへとむかってきた。白《しろ》く光《ひか》る不気味《ぶきみ》な目《め》でぼくを見《み》ている。

「赤《あか》ちゃんが増《ふ》えてる！　赤《あか》ちゃんだらけだ」

やがて赤《あか》ちゃんたちがぐるりとぼくを取《と》り囲《かこ》んだ。

「ママ、パパ、助《たす》けて！　ウチが侵略《しんりゃく》されてる！」

床《ゆか》に倒《たお》れたままのぼくを見下《みお》ろす赤《あか》ちゃんは５人《にん》。さっきの大《おお》きな赤《あか》ちゃんの口《くち》からはよだれがたれて、今《いま》にもぼくの顔《かお》につきそう……！　あとは髪《かみ》を頭《あたま》の上《うえ》で束《たば》ねた女《おんな》の子《こ》、それと、それぞれクマ・犬《いぬ》・猫《ねこ》の耳《みみ》のついたベビー服《ふく》を着《き》た三《み》つ子《ご》だ。

「今日《きょう》はお遊《あそ》び会《かい》。赤《あか》ちゃんのお友達《ともだち》よ」

ママの声《こえ》がした。

パシャ
「いい写真《しゃしん》が撮《と》れた」

次《つぎ》はパパの声《こえ》。赤《あか》ちゃんたちに囲《かこ》まれて困《こま》っているぼくを撮《と》って去《さ》っていく。

ママとパパがいなくなると、ヤツが現《あらわ》れた。

「会議《かいぎ》だ。お前《まえ》は呼《よ》んでいない」

ヤツは、ぼくを見下《みお》ろしながらそう言《い》うと、ほかの赤《あか》ちゃんたちを引《ひ》き連《つ》れて、リビングへとむかっていった。

「ちくしょう。そうはさせないぞ」

ぼくは起《お》き上《あ》がり、ヤツらが〝会議《かいぎ》〟とやらを始《はじ》めたリビングにそっと忍《しの》びこんで、花《か》瓶《びん》の陰《かげ》から、ヤツらの様子《ようす》をうかがった。ヤツの声《こえ》に続《つづ》いて、三《み》つ子《ご》が答《こた》えている声《こえ》が聞《き》こえる。

「今日《きょう》は集《あつ》まってくれてありがとう。会議《かいぎ》を始《はじ》める前《まえ》に、まず確認《かくにん》だ」

「はい、そうです」「当《あ》たり!」「そのとおり!」

「ジンボ、妨害《ぼうがい》してくれ」

ヤツがあの大《おお》きな赤《あか》ちゃん〝ジンボ〟にマラカスのおもちゃを渡《わた》すと、ジンボは、シャカシャカとマラカスで音《おと》を立《た》て始《はじ》めた。ぼくが聞《き》き耳《みみ》を立《た》てていることなんて、とっくにお見通《みとお》しらしい。でも大丈夫《だいじょうぶ》。ぼくにはこのテープレコーダーがあるからね。

そして会議《かいぎ》が始《はじ》まった。

「われわれ赤《あか》ちゃんは、今《いま》、危機的《ききてき》な状況《じょうきょう》にある」

「えっ?」「そんな」「恐《おそ》ろしい」「怖《こわ》い!」「どんな危機《きき》なの?」

「見《み》てもらったほうが話《はなし》が早《はや》い。テディ、頼《たの》むぞ」

ヤツがテーブルの下《した》からクマのぬいぐるみを取《と》り出《だ》した。

「では再生《さいせい》します」

クマのぬいぐるみが首《くび》を後《うし》ろむきに倒《たお》すと、胸《むね》に埋《う》めこまれていたプロジェクターが現《あらわ》れた。

部屋《へや》の灯《あか》りが消《け》され、プロジェクターから出《で》る光《ひかり》が白《しろ》い壁《かべ》に映像《えいぞう》を映《うつ》し始《はじ》める。

「説明《せつめい》を始《はじ》めよう。実《じつ》は、赤《あか》ん坊《ぼう》への愛《あい》が減《へ》ってきているんだ」

「なんで？　あたしたち悪《わる》い子《こ》だったから？」

「違《ちが》うよ、ステイシー、われわれのせいじゃない。われわれ赤《あか》ん坊《ぼう》の最大《さいだい》の敵《てき》は、子犬《こいぬ》だ」

そこで、壁《かべ》にかわいらしい子犬《こいぬ》の映像《えいぞう》が映《うつ》し出《だ》された。

「ああ〜♥」「ああ〜♥」「ああ〜♥」「ああ〜♥」「ああ〜♥」

ヤツ以外《いがい》の全員《ぜんいん》が、子犬《こいぬ》のあまりのかわいらしさに思《おも》わずウットリする。

「ダメだ！　その〝ウットリ〟が問題《もんだい》なんだ。歴史的《れきしてき》に見《み》ても、人間《にんげん》は赤《あか》ん坊《ぼう》をほかの何《なに》よりも愛《あい》してきた。赤《あか》ん坊《ぼう》こそが、最《もっと》も欲《ほ》しがられ、望《のぞ》まれるものだった。赤《あか》ん坊《ぼう》に比《くら》べれば、子犬《こいぬ》なんて、アクセサリーみたいなものにすぎなかった」

古代《こだい》エジプトの壁画《へきが》や古《ふる》い絵画《かいが》……赤《あか》ちゃんや、赤《あか》ちゃんを嬉《うれ》しそうに抱《だ》く人々《ひとびと》が描《えが》かれた資料映像《しりょうえいぞう》をヤツは棒《ぼう》で指《さ》し示《しめ》した。

「だが、新種《しんしゅ》の犬《いぬ》が作《つく》られたことで、事情《じじょう》が変《か》わった。犬《いぬ》たちは、どんどんかわいくなった。プードルとラブラドール・レトリーバーを掛《か》け合《あ》わせた〝ラブラドゥードル〟、ペキニーズとトイプードルで〝ペキプー〟、チワワとダックスフントで〝チワックス〟。しわくちゃで馬鹿《ばか》にしていたシャーペイだって、今《いま》じゃ中国《ちゅうごく》で人気《にんき》ナンバーワンだ」

「あ〜」「そんなあ」「あんまりだ」「ひどい」

「さらに追《お》いうちをかけるかのように、ワンワン社《しゃ》の会長《かいちょう》フランシス・フランシスがある発表《はっぴょう》をした」

「ワンワン社《しゃ》」、つまりぼくのママとパパの会社《かいしゃ》で一番偉《いちばんえら》いフランシスさんが記者会見場《きしゃかいけんじょう》で話《はな》している場面《ばめん》が映《うつ》し出《だ》された。しわがれ声《ごえ》に、シワだらけの顔《かお》。フランシスさんは、背《せ》の低《ひく》いおじいさんだった。

「わが社《しゃ》は近々《ちかぢか》、これまで見《み》たこともない、かわいい子犬《こいぬ》を発売《はつばい》する予定《よてい》です。ラスベガスで開《ひら》かれる大会《たいかい》で皆《みな》さんにお見《み》せします。乞《こ》うご期待《きたい》！　必《かなら》ずライバルを倒《たお》します」

演説《えんぜつ》に大歓声《だいかんせい》が沸《わ》き起《お》こり、ジンボもつられて拍手《はくしゅ》したところで、ヤツはいまいましげにプロジェクターを止《と》めた。

「会長《かいちょう》が言《い》っている〝ライバル〟とは、われわれのこと。つまり、これは戦争《せんそう》なのだ。しかも今《いま》のところ、子犬《こいぬ》が勝《か》っていて、われわれは負《ま》けている。新《あたら》しい子犬《こいぬ》がすごくかわいかったりすると、ベイビー・ビジネスは廃業《はいぎょう》に追《お》いこまれるかもしれない」

「うっそー」「恐《おそ》ろしい」「最悪《さいあく》！」「どうすればいいの？」

「そこで、子犬《こいぬ》の正体《しょうたい》を調《しら》べて、発売《はつばい》を邪魔《じゃま》するのが私《わたし》の任務《にんむ》だ。協力《きょうりょく》してほしい」

「なるほど！」「さすがだ」「ボス、やりますね」「イエーイ！」

「そこでだ。みんなの親《おや》はワンワン社《しゃ》に勤《つと》めている。最近《さいきん》、親《おや》から教《おそ》わったことはあるか？」

「あります！」「うん！」「うん！」

「素晴《すば》らしい。じゃあ教《おし》えてくれ」

「A《エー》！」「B《ビー》！」「C《シー》！」「D《ディー》！」

「違《ちが》う違《ちが》う。習《なら》った文字《もじ》じゃなくて、新《あたら》しい子犬《こいぬ》についての情報《じょうほう》だ」

「子犬《こいぬ》、カワイイ～♥　欲《ほ》しい～♥」

三《み》つ子《ご》といいジンボといい、ヤツの部下《ぶか》たちは、どうやらさほど有能《ゆうのう》ではないみたいだ。

「ステイシー、今《いま》までの話《はなし》を書《か》き留《と》めた議事録《ぎじろく》を読《よ》み上《あ》げてくれ」

「書《か》くには書《か》いたけど、私《わたし》、字《じ》は読《よ》めないの」

ステイシーが落書《らくが》きみたいなメモを見《み》せると、ヤツはさすがに困《こま》り顔《がお》になった。

「これが俺《おれ》のチームか……。筋肉頭《きんにくあたま》に、イエスマン・トリオに落書《らくが》き屋《や》？」

「そのとおり！」「当《あ》たりー！」「まさしく」「確《たし》かに！」「さすがボス」

三《み》つ子《ご》がまさにイエスマン（上司《じょうし》の言《い》いなりになる部下《ぶか》）ぶりを発揮《はっき》して騒《さわ》いでいる。


そのころぼくは、花瓶《かびん》の後《うし》ろでニヤリと笑《わら》いながら「録《と》れた！」とつぶやいていた。赤《あか》ちゃんたちが集《あつ》まってこんな話《はなし》をしているという事実《じじつ》は、何《なに》よりの証拠《しょうこ》だ。

そのとき。

「やあ、会議《かいぎ》でもしていたのかな」

パパを先頭《せんとう》に赤《あか》ちゃんの親《おや》たちがリビングに入《はい》ってきた。

「わあー」「うきゃー！」「えへへ～」

「まあ、なんてかわいいの！」

赤《あか》ちゃんたちはとたんに、ごろんと転《ころ》がったり、かわいい声《こえ》を上《あ》げたりして、赤《あか》ちゃんっぽく振《ふ》る舞《ま》い始《はじ》めた。今《いま》の今《いま》まで、まさにその〝会議《かいぎ》〟をしていたことがバレないように。

親《おや》たちは、ヤツらの決《き》め顔《がお》やポーズをカメラで撮《と》ると、ダイニングルームへと移《うつ》った。

「このポーズ、恥《は》ずかしすぎる」

撮影《さつえい》のためにしばらく床《ゆか》の上《うえ》にあおむけになって両足《りょうあし》を開《ひら》くポーズを取《と》っていたヤツは、いまいましげにそうつぶやいた。


ぼくは、急《いそ》いで録音《ろくおん》したばかりのテープレコーダーを再生《さいせい》してみた。

「このポーズ、恥《は》ずかしすぎる」

……ちゃんと録《と》れてる。これが証拠《しょうこ》だ。ママとパパに聞《き》かせよう。

ぼくはテープを取《と》り出《だ》すと、部屋《へや》を出《で》ようと振《ふ》り返《かえ》った。

ハッ！

ヤツを先頭《せんとう》に、赤《あか》ちゃんたちが勢《せい》ぞろいして、ぼくをにらんでる。

「テンプルトン、それはなんだ？」

「別《べつ》に」

ぼくはそっとテープを背中《せなか》に回《まわ》した。

「テープを渡《わた》せ」

「断《ことわ》る！」

テープを奪《うば》われないように、ぼくは駆《か》け出《だ》した。玄関《げんかん》を出《で》てリビングの外《そと》を駆《か》け抜《ぬ》け、庭《にわ》に回《まわ》り、芝生《しばふ》に足《あし》を取《と》られたりしながら、ママたちのもとへと走《はし》った。

「ママ！　パパ！」

キキーッ！

あともう少《すこ》しというところで、ヤツらがぼくの前《まえ》に回《まわ》りこんで、通《とお》せんぼした。ステイシーは花《はな》の模様《もよう》がついた三輪車《さんりんしゃ》に乗《の》って「フラワー・パワー」と叫《さけ》んでいる。三《み》つ子《ご》はおもちゃの消防車《しょうぼうしゃ》にまたがってサイレンをならし、ジンボは手押《てお》し車《ぐるま》をブンブンと地面《じめん》に打《う》ちつけながら、こちらをにらみつけている。

「警察《けいさつ》だ！　逃《に》げられると思《おも》うなよ」

パトカーのおもちゃに乗《の》ったヤツがメガホンで宣告《せんこく》すると、赤《あか》ちゃんたちがジリジリとぼくに近《ちか》づいてきた。

――このままだと追《お》いつめられる。

ぼくは、さっと方向《ほうこう》を変《か》えて逃《に》げ出《だ》した。

「ベルトを締《し》めて、いくわよ！」

テープを奪《うば》おうと、ステイシーが三輪車《さんりんしゃ》で迫《せま》ってくる。ぼくはいつも〝工事《こうじ》ごっこ〟をしているエリアにステイシーを誘《さそ》いこんだ。

ドン！　キュルキュルキュルキュルキュル……

着地《ちゃくち》した砂場《すなば》で三輪車《さんりんしゃ》のタイヤが空回《からまわ》りしている。ざまあみろ。

「走《はし》れ走《はし》れ走《はし》れ走《はし》れ」

今度《こんど》はジンボが手押《てお》し車《ぐるま》でぼくにむかってきた。その先《さき》には塀《へい》が立《た》ちはだかっている。

タタタッ！

ぼくは塀《へい》を駆《か》け上《あ》がったが、ジンボはそのまま突進《とっしん》して激突《げきとつ》。塀《へい》をぶち抜《ぬ》いてもまだ走《はし》っているジンボの間抜《まぬ》けな姿《すがた》を笑《わら》いながら、ぼくはまた方向《ほうこう》を変《か》えた。

ブンッ！

不意《ふい》にぼくの右手《みぎて》からテープが奪《うば》われた。

「へへん！」

消防車《しょうぼうしゃ》に乗《の》った三《み》つ子《ご》のしわざだ。そうはいかないぞ。ぼくは、とっさにつかんだ消防《しょうぼう》車《しゃ》の放水《ほうすい》ホースを庭《にわ》のスプリンクラーに絡《から》ませて引《ひ》っ張《ぱ》った。

ビー――――ン！

放水《ほうすい》ホースが限界《げんかい》まで伸《の》びきったせいで、消防車《しょうぼうしゃ》はそれ以上進《いじょうすす》むことができなくなった。

「キャー！」「キャー！」「キャー！」

三《み》つ子《ご》たちは空中《くうちゅう》に勢《いきお》いよく投《な》げ出《だ》され、消防車《しょうぼうしゃ》は地面《じめん》に激突《げきとつ》、炎上《えんじょう》した。三《み》つ子《ご》たちはジンボがキャッチ。テープは、爆発《ばくはつ》した消防車《しょうぼうしゃ》の炎《ほのお》と共《とも》にクルクルと舞《ま》い上《あ》がる。そして、その炎《ほのお》の上《うえ》にジャンプして現《あらわ》れたのが、ヤツのパトカーだった。

パシッ！

パトカーの窓《まど》から伸《の》ばしたヤツの手《て》がテープをつかむ。しまった！

ドンッ！

パトカーが着地《ちゃくち》すると、ぼくは車体《しゃたい》の後《うし》ろにつかまり、なんとかパトカーを止《と》めようとした。ヤツはまったくスピードを緩《ゆる》めずにペダルをこぎ続《つづ》け、ぼくを引《ひ》きずった。

その様子《ようす》を、ママとパパがダイニングルームから微笑《ほほえ》みながら見《み》ていた。たぶん「仲良《なかよ》くなったみたいね」「よかったな」とでも言《い》ってるんだろう。

「やった！」

激《はげ》しい戦《たたか》いの末《すえ》に、ぼくはついにヤツからテープを奪《うば》い返《かえ》した。

「捕《つか》まえろ！」

「はい、すぐに！」「すぐに！」「すぐに！」

ヤツに命《めい》じられた三《み》つ子《ご》が追《お》ってくる。ぼくは庭《にわ》のトランポリンを使《つか》って大《おお》きくジャンプし、2階《かい》の自分《じぶん》の部屋《へや》の窓《まど》へと飛《と》び移《うつ》った。

「勝負《しょうぶ》はついたな」

窓《まど》から身《み》を乗《の》り出《だ》して、テープを手《て》に勝利《しょうり》を宣言《せんげん》すると、ヤツは、芝生《しばふ》の上《うえ》でくやしそうにぼくを見上《みあ》げてから、ジンボに頼《たの》んだ。

「〝たかいたかい〟してくれ」

ジンボはヤツの足《あし》をつかんで、ブンブンと振《ふ》り回《まわ》して勢《いきお》いをつけてから、ヤツをまるで砲丸投《ほうがんな》げみたいにぼくの部屋《へや》の窓《まど》へと投《な》げこんだ。

「アーアア――――！」

ガシャン！

ヤツの体《からだ》が窓《まど》ガラスを叩《たた》き割《わ》って、部屋《へや》に入《はい》ってきた。ぼくは急《いそ》いで部屋《へや》を出《で》て、階段《かいだん》を駆《か》け下《お》りる。そして、ヤツがぼくを追《お》って歩行器《ほこうき》のまま階段《かいだん》を回転《かいてん》しながら降《お》りてくると、とっさに玄関《げんかん》ドアを開《あ》けた。

「ワアア――」

ヤツはそのまま一直線《いっちょくせん》に玄関《げんかん》から門《もん》に続《つづ》くポーチへと転《ころ》がり落《お》ちていった。

「ママ、パパ、どこ？」

ヤツが道路《どうろ》へと転《ころ》がり出《で》たのを見届《みとど》けると、ぼくは、証拠《しょうこ》のテープを手《て》に、ふたりを探《さが》して家《いえ》の中《なか》を歩《ある》き回《まわ》った。

「パパ？」

パパの書斎《しょさい》のドアを開《あ》けると、誰《だれ》かが机《つくえ》の前《まえ》に座《すわ》っている後《うし》ろ姿《すがた》が見《み》えた。パパだ！

「パパ！　ねえ聞《き》いて。あいつしゃべれるんだ」

「ほう。それは驚《おどろ》きだ」

むこうをむいていた回転椅子《かいてんいす》がクルっと回《まわ》って、こちらをむいた。

ヤツだった。

そして、その手《て》にはメーメーとホチキスがにぎられている。

「お前《まえ》、どうやって戻《もど》ってきた？」

「そんなことより、テープを渡《わた》せ。かわいいメーメーがどうなっても知《し》らないぞ。え？

メーメーちゃんは鼻《はな》ピアスをつけたいって？　それはどうかと思《おも》うが、どうしてもって言《い》うなら仕方《しかた》ない」

パチン！

「眉《まゆ》ピアスもしたいって？　やりすぎじゃないか？　就職試験《しゅうしょくしけん》で不利《ふり》になるぞ」

パチン！

「やめろよ！」

「早《はや》く渡《わた》せ。渡《わた》さないと、メーメーをバラバラにするぞ」

「よせ！」

ぼくはメーメーを取《と》り戻《もど》そうと、脚《あし》をつかんで思《おも》いっきり引《ひ》っ張《ぱ》った。

「放《はな》せ！」

「そっちこそ」

「そっちこそだ」

「テープを放《はな》せ！」

「メーメーを放《はな》せ！」

ビリビリッ！

ハッとして手元《てもと》を見《み》ると、ぼくの手《て》にはメーメーの胴《どう》の部分《ぶぶん》、ヤツの手《て》にメーメーの首《くび》が残《のこ》っている。大事《だいじ》なメーメーがバラバラになっちゃった。もうアタマにきたぞ！

ぼくはヤツを抱《だ》きかかえると、赤《あか》ちゃん用《よう》のブランコにヤツを乗《の》せ、窓《まど》を開《あ》けた。

「落《お》ち着《つ》け！　話《はな》し合《あ》おう。何《なに》をするつもりだ」

「自業自得《じごうじとく》だ。もっと早《はや》くこうするべきだった」

「待《ま》て、ここはひとついっぱいやりながら……、いやジュースでもやりながら話《はな》し合《あ》おう」

「もうそんな段階《だんかい》じゃない！」

ぼくはヤツが乗《の》ったブランコを引《ひ》っ張《ぱ》って、ゴムを限界《げんかい》まで伸《の》ばした。

「よせテンプルトン、本気《ほんき》か？」

「バイバイ、ベイビー。お前《まえ》こそクビだ」

このまま手《て》を放《はな》せば、ヤツは窓《まど》の外《そと》へと飛《と》んでいくだろう。永久《えいきゅう》にバイバイだ。

そのとき。

「何《なに》してる！」

パパが部屋《へや》に入《はい》ってきた。

「別《べつ》に」

「ウェーン、ウェーン！」

ヤツがここぞとばかりに泣《な》き声《ごえ》を上《あ》げる。そして巧《たく》みにブランコからすり抜《ぬ》けると、ぼくに抱《だ》きついてきた。そのはずみでテープがブランコに乗《の》っかり、限界《げんかい》まで伸《の》びたゴムの反動《はんどう》で、一気《いっき》に弾《はじ》き飛《と》ばされた。テープは窓《まど》からヒュ――――ンと外《そと》に飛《と》び出《だ》して、道路《どうろ》にポトッと落下《らっか》。ちょうどそこに車《くるま》が走《はし》ってきて、グシャッという音《おと》が聞《き》こえた。テープは車《くるま》に轢《ひ》かれてぺちゃんこ……。ぼくは、たったひとつの証拠《しょうこ》を失《うしな》った。

「ティム、どういうことなの？　説明《せつめい》しなさい！」

「ぼくが悪《わる》いんじゃない。悪《わる》いのは赤《あか》ちゃんなんだ」

「赤《あか》ちゃんが悪《わる》い？」

「そうだ。そいつはしゃべれるんだ。子犬《こいぬ》のことで、みんなで会議《かいぎ》をしてた」

ママとパパが顔《かお》を見合《みあ》わせる。まるで信《しん》じていない顔《かお》だ。

「赤《あか》ちゃんたちが悪《わる》だみくをしてるんだ」

「ティモシー・レズリー・テンプルトン！」

ママがぼくをフルネームで呼《よ》んだ。ものすごく怒《おこ》っているときの呼《よ》び方《かた》だ。なのにヤツは「レズリー」がおかしいみたいでプッと噴《ふ》き出《だ》してる。

「お前《まえ》にはがっかりした」

「もうカンカンに怒《おこ》ってます！」

「反省《はんせい》しなさい！」

「外出禁止《がいしゅつきんし》よ。３週間《しゅうかん》ずっと外出禁止《がいしゅつきんし》！」

「そんなぁ……」

「ずっと家《いえ》の中《なか》にいなさい。弟《おとうと》と一緒《いっしょ》に。ちゃんと仲良《なかよ》くなれるまで」

ママが「弟《おとうと》と一緒《いっしょ》に」と言《い》ったとたんに、ヤツの表情《ひょうじょう》が曇《くも》った。

「こりゃ参《まい》ったな」

＊＊＊

それは、ぼくにとって初《はじ》めて経験《けいけん》する檻《おり》の中《なか》の生活《せいかつ》だった。

鉄格子《てつごうし》の中《なか》に閉《と》じこめられて、死《し》ぬまで外《そと》には出《で》られない。

ただただ時間《じかん》だけが過《す》ぎていく毎日《まいにち》。

ぼくはシマシマの囚人服《しゅうじんふく》を着《き》せられ、逃《に》げないように足《あし》におもりをつけられたまま、檻《おり》の中《なか》をぐるぐると回《まわ》り、一日《いちにち》の終《お》わりに、壁《かべ》に印《しるし》をつけるんだ。

ここに何日間《なんにちかん》閉《と》じこめられているかが分《わ》かるように。

誰《だれ》にでも限界《げんかい》はある。

ぼくも、もう限界《げんかい》だ。


♪♪♪♪〜♪


そのとき、あの歌《うた》が聴《き》こえてきた。ぼくが寝《ね》る時間《じかん》になると、ママとパパが唄《うた》ってくれた、〝ぼくの歌《うた》〟。ママとパパがヤツに唄《うた》ってあげているんだ。

「ひどいよ。〝ぼくの歌《うた》〟なのに」

ぼくは壁《かべ》に耳《みみ》をくっつけて、パパのギターとふたりの歌《うた》を聴《き》いた。高《たか》い窓《まど》から差《さ》しこむ月明《つきあか》りだけが部屋《へや》を照《て》らしている。ベッドサイドには目覚《めざ》まし時計《どけい》のウィジー。

「泣《な》くでない、小《ちい》さき者《もの》よ。このわしがそなたの力《ちから》になろう」

そう。ここはまぎれもなくぼくの部屋《へや》だ。なのに今《いま》は、まるで檻《おり》の中《なか》にいるように感《かん》じる。ぼくの想像力《そうぞうりょく》が、悪《わる》い意味《いみ》で発揮《はっき》されるのがこんなときなんだ。

「テンプルトン」

ふいに、扉《とびら》のほうで声《こえ》がした。扉《とびら》の小《ちい》さな覗《のぞ》き窓《まど》からヤツがこちらを覗《のぞ》きこんでいる。

「お前《まえ》に話《はなし》がある」

「あっちへいけ」

ぼくが断《ことわ》ると、ヤツはおもちゃの機関車《きかんしゃ》に乗《の》っかって、〝ぼくの歌《うた》〟を唄《うた》い始《はじ》めた。

♪♪♪♪〜♪

「やめろ！　お前《まえ》の歌《うた》じゃない。ママとパパがぼくに作《つく》った歌《うた》だ」

「ホントか？」

「そうだよ。なのにぼくから盗《ぬす》むなんて。この大泥棒《おおどろぼう》め。お前《まえ》が刑務所《けいむしょ》にいけばいいんだ」

「……ふう。こっちはお前《まえ》とこれ以上《いじょう》、やり合《あ》うつもりはないんだ。……テンプルトン、もしかして、泣《な》いているのか？」

「違《ちが》う。泣《な》いてない」

ぼくは必死《ひっし》で涙《なみだ》をこらえた。でも、ぼくが泣《な》いていることなんて、きっとヤツはとうにお見通《みとお》しなんだろう。

「こういうのは人事《じんじ》の仕事《しごと》なんだが」

ヤツはよいしょっとぼくのベッドによじ登《のぼ》り、ずり落《お》ちそうになりながら、なんとかぼくの隣《となり》に座《すわ》ると、そっと肩《かた》に手《て》をおいた。そして、スーツの内《うち》ポケットからお金《かね》を取《と》り出《だ》し、「取《と》っとけ」と差《さ》し出《だ》した。

「お前《まえ》の汚《きたな》いお金《かね》なんていらない」

「最初《さいしょ》に言《い》っただろ。邪魔《じゃま》するなって」

「そもそもここはぼくの家《いえ》だ。無理《むり》だよ」

「俺《おれ》だってきたくてきたんじゃない」

「じゃあ、なぜぼくを苦《くる》しめるんだ?」

ぼくはそばにあったシーツを頭《あたま》からかぶった。泣《な》き顔《がお》を見《み》られたくないからね。

「実《じつ》は、俺《おれ》は普通《ふつう》の赤《あか》ん坊《ぼう》じゃない」

「そりゃそうだ」

「〝上《うえ》〟から命《めい》じられた任務《にんむ》のためにこの家《いえ》にきた。会社《かいしゃ》の中間管理職《ちゅうかんかんりしょく》だよ」

「会社《かいしゃ》って、なんの会社《かいしゃ》？」

「これですべてが分《わ》かる」

ヤツはそう言《い》って、スーツの内《うち》ポケットからおしゃぶりを取《と》り出《だ》した。

「これをしゃぶるんだ」

「君《きみ》のだろ？」

「お前用《まえよう》のだ」

「どこにあったやつ？　汚《きたな》いんじゃない？」

「赤《あか》ん坊《ぼう》がどこからくるか、知《し》りたくないか？」

ヤツは、もう一《ひと》つ自分用《じぶんよう》のおしゃぶりを取《と》り出《だ》すと、ぼくが手《て》にしたおしゃぶりの前《まえ》に差《さ》し出《だ》し、２つのおしゃぶりを近《ちか》づけて言《い》った。

「おしゃぶり。うまうま。ちゅぱちゅぱ……いろいろ呼《よ》び名《な》はあるが、これが真実《しんじつ》を知《し》るカギとなるんだ」

ぼくは覚悟《かくご》を決《き》めて、おしゃぶりをくわえた。ヤツもおしゃぶりを吸《す》い始《はじ》める。

チュッチュッチュッチュッ

チュッチュッチュッチュッ

チュ チュ チュ チュ チュ チュ チュ チュ

チュ チュ チュ チュ チュ チュ チュ チュ

吸《す》うスピードが速《はや》くなった。

「もっと速《はや》くだ！」

チュチュチュチュチュチュチュチュ！

チュチュチュチュチュチュチュチュ！

ヤツを真似《まね》ておしゃぶりを強《つよ》く吸《す》うと、目《め》の前《まえ》の風景《ふうけい》がぐんにゃりと歪《ゆが》んで、ぼくらは、今居《いまい》るのとは別《べつ》の時空《じくう》へと弾《はじ》き出《だ》された。

第三章《だいさんしょう》 取引成立《とりひきせいりつ》

ボス・ベイビーは『ベイビー社《しゃ》』の社員《しゃいん》だった

「わあああ――――！」

ぼくとヤツは、高《たか》く高《たか》く、もっと高《たか》く、空《そら》の上《うえ》へと運《はこ》ばれていた。

「ママ――――！」

心細《こころぼそ》くなって叫《さけ》んだぼくの目《め》に、雲《くも》の切《き》れ間《ま》に浮《う》かぶカッコいいビルが飛《と》びこんできた。

ぼくとヤツは、ものすごいスピードでそのビルの壁《かべ》にめりこみ、中《なか》に落下《らっか》した。

「ここはどこ？」

起《お》き上《あ》がって尋《たず》ねると、とっくに立《た》ち上《あ》がっていたヤツがニッコリ笑《わら》った。

「ようこそベイビー社《しゃ》へ」

ピーッ。ピッピッ！

笛《ふえ》の音《おと》がする。見《み》ると、赤《あか》ちゃんが、出勤《しゅっきん》してきた別《べつ》の赤《あか》ちゃんたちを交通整理《こうつうせいり》している。かと思《おも》えば、オフィスに入《はい》る赤《あか》ちゃんが、カウンターで哺乳瓶《ほにゅうびん》を受《う》け取《と》っている。

「嘘《うそ》だろ」

赤《あか》ちゃんという赤《あか》ちゃんがみな、会社員《かいしゃいん》みたいに振《ふ》る舞《ま》っている。まるで、うちで会議《かいぎ》していたステイシーやジンボ、三《み》つ子《ご》みたいに。しかも、床《ゆか》に横《よこ》たわったままのぼくの上《うえ》を、スーツ姿《すがた》の赤《あか》ちゃんが平気《へいき》で踏《ふ》みこえていくんだ。

「大丈夫《だいじょうぶ》だ。俺《おれ》たちの姿《すがた》は見《み》えていないし、俺《おれ》たちの声《こえ》も聞《き》こえていない」

「ぼくたちがバーチャルな存在《そんざい》ってこと？」

「そうだ」

「赤《あか》ちゃんは、ここからくるんだね」

「どこからくると思《おも》ってたんだ？　まさかコウノトリが運《はこ》んでくると思《おも》ってたんじゃないだろうな？」

「ううん、ママとパパはこう言《い》ってた」

ぼくはヤツの耳《みみ》に口《くち》を近《ちか》づけて、コソコソと聞《き》いた通《とお》りの話《はなし》をささやいた。

「何《なに》っ？　まさかそんな！　汚《けが》らわしい！」

「だよね。ぼくも違《ちが》うと思《おも》ってたんだ。だけど、なぜこの会社《かいしゃ》のことを教《おし》えてくれなかったんだろう」

「赤《あか》ちゃんがどこからきたかが分《わ》かると、誰《だれ》も欲《ほ》しがらなくなるからだ。ホットドッグの由来《ゆらい》がダックスフントと聞《き》くと食《た》べたくなくなるのと同《おな》じだ」

得意《とくい》げに説明《せつめい》しながら、ヤツはぼくを誘《さそ》ってエレベーターに乗《の》りこんだ。エレベーターのアナウンスは、「上《うえ》に参《まい》りま〜す」の代《か》わりに「たかいたか〜い」。赤《あか》ちゃん言葉《ことば》だ。

「ぼくもここからきたんだろうけど、ここのこと覚《おぼ》えてないなあ」

「普通《ふつう》の赤《あか》ん坊《ぼう》は、おしゃぶりをしなくなった時点《じてん》でこの会社《かいしゃ》のことを忘《わす》れてしまうんだ」

「君《きみ》は普通《ふつう》じゃないの？」

「まあな。ほんの一握《ひとにぎ》りの選《えら》ばれた赤《あか》ん坊《ぼう》だけが最高《さいこう》の名誉《めいよ》の任務《にんむ》に就《つ》くのだ」

そのとき、エレベーターの階数表示《かいすうひょうじ》が、「2万階《まんかい》」に到着《とうちゃく》したことを告《つ》げた。

「任務《にんむ》とは、経営《けいえい》への参加《さんか》だ。このフロアにいる者《もの》たちだけが、会社《かいしゃ》を動《うご》かしているんだ」

エレベーターを降《お》りると、ヤツは両手《りょうて》を背中《せなか》で組《く》み、２万階《まんかい》のフロアを案内《あんない》した。

見渡《みわた》す限《かぎ》り一面《いちめん》に、数《かぞ》えきれないほどのデスクがパーテーションに区切《くぎ》られていて、経《けい》営幹部《えいかんぶ》の赤《あか》ちゃんたちが座《すわ》って仕事《しごと》をしている。おしゃべりしている赤《あか》ちゃんなどひとりも居《い》ない。ただただパソコンのキーボードを打《う》つ音《おと》だけが、カタカタと響《ひび》いている。

「セクターG《ジー》はお昼寝《ひるね》タイム」

館内放送《かんないほうそう》が流《なが》れると、〝セクターG《ジー》〟エリアの社員《しゃいん》たちが、いっせいにバタバタと顔《かお》をデスクに伏《ふ》せて昼寝《ひるね》を始《はじ》めた。

「赤《あか》ちゃんが会社《かいしゃ》を経営《けいえい》してるの？」

「そうだ」

「大人《おとな》になったらどうなるの？」

「大人《おとな》にはならない。極秘《ごくひ》の〝スーパーミルク〟を飲《の》んでいるから、ずっと赤《あか》ん坊《ぼう》のままなんだ」

たしかに、社員《しゃいん》たちは、さっきカウンターで渡《わた》されていた哺乳瓶《ほにゅうびん》のミルクを飲《の》んでいる。

「ゲ〜〜ップ」「ゲ〜〜ップ」「ゲ〜〜ップ」

スーパーミルクを飲《の》み終《お》えた社員《しゃいん》たちが順繰《じゅんぐ》りにゲップをし終《お》えると、

「仕事《しごと》に戻《もど》りなさい！　ミルクタイムはおしまい。今《いま》、この会社《かいしゃ》は危機的《ききてき》な状況《じょうきょう》なのよ！」

メガネをかけてスーツを着《き》た怖《こわ》いおばさん姿《すがた》の赤《あか》ちゃんが、社員《しゃいん》のネクタイをちぎれそうなくらいに引《ひ》っ張《ぱ》りながらきびしく命《めい》じて、慌《あわ》ただしく去《さ》っていった。

「今《いま》の誰《だれ》？」

「俺《おれ》の上司《じょうし》、ビッグ・ボス・ベイビーだ」

「会社《かいしゃ》の危機《きき》って？　なんでわめいてるの？」

「この円《えん》グラフを見《み》ろ」

目《め》の前《まえ》のスクリーンに、大《おお》きな円《えん》グラフが映《うつ》し出《だ》されている。

「でっかいパイみたいだ！」

「世界《せかい》で愛《あい》されているものの割合《わりあい》を示《しめ》している。問題《もんだい》は、世界《せかい》で愛《あい》されているものの中《なか》で、子犬《こいぬ》の割合《わりあい》がどんどん増《ふ》えていることだ」

かつては半分《はんぶん》くらいだった子犬《こいぬ》の割合《わりあい》が、全体《ぜんたい》の60パーセントほどに増《ふ》え、赤《あか》ちゃんの割合《わりあい》は、25パーセントほどになってしまったのだという。

「子犬《こいぬ》が人々《ひとびと》の愛《あい》を盗《ぬす》んでいる」

「君《きみ》もぼくから盗《ぬす》んだよ、ママとパパの愛《あい》を」

「そのとおり。だが、このままだと赤《あか》ん坊《ぼう》へのパイはなくなる」

「パイなし？　なくなるの？」

「パイなしだ。そこで俺《おれ》に命令《めいれい》が下《くだ》った。俺《おれ》の任務《にんむ》は、新《あたら》しい子犬《こいぬ》の正体《しょうたい》を探《さぐ》ること」

「スパイだね。クールだ」

「クールだろ？　もし成功《せいこう》すれば、俺《おれ》はこの会社《かいしゃ》の『伝説《でんせつ》の社長《しゃちょう》』に仲間入《なかまい》りできる」

ぼくらは、肖像画《しょうぞうが》がたくさん飾《かざ》られている廊下《ろうか》を一緒《いっしょ》に進《すす》んでいた。ヤツが、肖像画《しょうぞうが》を指《ゆび》さしながら、歴代《れきだい》の『伝説《でんせつ》の社長《しゃちょう》』たちをぼくに紹介《しょうかい》する。

「これが、スーパー・ビッグ・ボス・ベイビー」

「これがメガ・ボス・ベイビー」

「これがハイパー・ビッグ・ボス・ベイビー」

「そして彼《かれ》」

ヤツは1枚《まい》の肖像画《しょうぞうが》の前《まえ》で足《あし》を止《と》めた。

「これは、スーパー・ウルトラ・ムチムチ・ビッグ・ボス・ベイビー。史上最年少《しじょうさいねんしょう》の最高《さいこう》経営責任幼児《けいえいせきにんようじ》だ」

「今《いま》は？　何《なに》してるの？」

「何年《なんねん》も前《まえ》に引退《いんたい》したが、今《いま》でも彼《かれ》が俺《おれ》の目標《もくひょう》だ」

ヤツは、その肖像画《しょうぞうが》の額縁《がくぶち》にはめられている、スーパー・ウルトラ・ムチムチ・ビッグ・ボス・ベイビーの名《な》が書《か》かれた銘板《めいばん》にはぁっと息《いき》を吹《ふ》きかけると、内《うち》ポケットから取《と》り出《だ》したハンカチで丁寧《ていねい》にふいた。

「困《こま》ったときは、『スーパー・ウルトラ・ムチムチ・ビッグ・ボス・ベイビーだったら、どうするだろう？』って自分《じぶん》に問《と》いかけるようにしているんだ」

「出世《しゅっせ》しても、絵《え》になるだけでおしまいじゃないの？」

「偉《えら》くなったら、角部屋《かどべや》のオフィスを与《あた》えられる。専用《せんよう》のおまるつきだ」

確《たし》かに角部屋《かどべや》の奥《おく》に金色《きんいろ》のおまるがある。キラーンと光《ひか》って超豪華《ちょうごうか》。

「任務《にんむ》を果《は》たしたら、ここに戻《もど》ってくるの？」

「もちろん！　俺《おれ》は家庭的《かていてき》というより仕事人間《しごとにんげん》なんだ」

ヤツの瞳《ひとみ》が輝《かがや》いている。本当《ほんとう》に仕事《しごと》が好《す》きなんだ。

ジリンジリン！

突然《とつぜん》、電話《でんわ》の音《おと》と共《とも》に、足音《あしおと》が響《ひび》いてきた。

ヤツの女上司《おんなじょうし》、ビッグ・ボス・ベイビーだ。

「テンプルトン家《け》へ送《おく》りこんだボス・ベイビーから何《なに》か報告《ほうこく》は上《あ》がってきた？」

「分《わ》かりません」

「あんたはクビ！『ペット大会《たいかい》』まであと2日《か》なのよ。成果《せいか》を上《あ》げなきゃ、ボス・ベイビーもクビにしてやるわ！　あの野郎《やろう》のオムツを引《ひ》き裂《さ》いてやる！」

「まずいぞ。見学《けんがく》ツアーはこれで終《お》わりにしよう」

ヤツは、ぼくの口《くち》に手《て》を伸《の》ばすと、おしゃぶりを乱暴《らんぼう》に引《ひ》き抜《ぬ》いた。

「うわ――――！」

ドン！

気《き》づけばそこは、ぼくの家《いえ》のボスの部屋《へや》だった。おしゃぶりを外《はず》された勢《いきお》いで、ぼくは後《うし》ろむきに倒《たお》れ、ボスも同《おな》じように床《ゆか》の上《うえ》に倒《たお》れている。

「上司《じょうし》の女《おんな》の人《ひと》、なんて言《い》ってたの？」

「早《はや》く結果《けっか》を出《だ》せと、俺《おれ》に対《たい》してカンカンに怒《おこ》っていた。ペット大会《たいかい》まであと2日《か》しかないのに、何《なに》もつかんでない！　ヤバい！」

最後《さいご》のほうはほとんど悲鳴《ひめい》になっている。

ジリリリリン！

おもちゃの電話《でんわ》がなっている。

「ビッグ・ボスだ。出《で》るなよ」

ボスは落《お》ち着《つ》かない様子《ようす》でぐるぐるとあたりを歩《ある》き回《まわ》った。それから、電話《でんわ》を両手《りょうて》で持《も》ち上《あ》げると、思《おも》いっきり放《ほう》り投《な》げた。

「グガー……」

それからいきなりいびきをかく。ストレスでまた眠《ねむ》ってしまったみたいだ。そして突然《とつぜん》、起《お》き上《あ》がり、おもちゃの人形《にんぎょう》を手《て》にしてウロウロと歩《ある》き回《まわ》ると、今度《こんど》は急《きゅう》に赤《あか》ちゃんの声《こえ》で泣《な》き始《はじ》めた。

「新発売《しんはつばい》の子犬《こいぬ》の情報《じょうほう》をゲットしないと、昇進《しょうしん》どころか、クビになっちまう！　ウェ～ン」

「落《お》ち着《つ》け。赤《あか》ちゃんむきの仕事《しごと》なら、ほかにも見《み》つかるさ。それより、『ペット大会《たいかい》』まであと2日《か》しかないんだろ。だったら、さっさと荷造《にづく》りを始《はじ》めないと」

バシッ！

ボスが、手《て》にしていた人形《にんぎょう》をぼくめがけて投《な》げつけた。ちょうど大事《だいじ》なところに当《あ》たって、ぼくはあまりの痛《いた》さにその場《ば》に崩《くず》れ落《お》ちた。

「テンプルトン、分《わ》かってないな。クビになったら、スーパーミルクをもらえなくなる。そうなったら普通《ふつう》の赤《あか》ん坊《ぼう》になって、ずっとこの家《いえ》で一緒《いっしょ》に暮《く》らす羽目《はめ》になるんだぞ」

「ウソ！」

「ホントだ！」

「そうしたら、こうなる」

「毎朝《まいあさ》、目覚《めざ》めて最初《さいしょ》に見《み》るのは俺《おれ》の顔《かお》」

ぼくは、寝返《ねがえ》りを打《う》って目《め》を開《あ》けた真《ま》ん前《まえ》にボスの顔《かお》がある光景《こうけい》を想像《そうぞう》した。

「夕食《ゆうしょく》も毎晩《まいばん》、俺《おれ》と一緒《いっしょ》に食《た》べる」

「毎年《まいとし》の誕生《たんじょう》パーティーも俺《おれ》と一緒《いっしょ》だ」

「クリスマスも」

「これからずっと何年《なんねん》も何年《なんねん》も一緒《いっしょ》に年《とし》を取《と》る」

ぼくは、おじいさんになったぼくとおじいさんになったボスとの戦《たたか》いを想像《そうぞう》した。

「俺《おれ》とお前《まえ》は兄弟《きょうだい》になるんだ。永遠《えいえん》に」

「そんなのイヤだ。ひどいよ」

「だよな」

「ありえない」

「でも、そうなるんだ」

「ウチに居座《いすわ》るなよ！」

「俺《おれ》だって居座《いすわ》りたくなんかない」

パニックになったボスが、ぼくのＴ《ティー》シャツをつかむ。

——なんとかしてヤツを落《お》ち着《つ》かせなきゃ。……そうだ！　アイデアが浮《う》かんだぞ。

「よし！　ぼくと君《きみ》のふたりで協力《きょうりょく》して、君《きみ》がクビにならないようにしよう」

「ふたりで協力《きょうりょく》？」

「そうだ。ぼくが協力《きょうりょく》する。君《きみ》を追《お》い出《だ》すためだ。どう？　この取引《とりひき》に乗《の》る？」

ボスは、一瞬《いっしゅん》、下《した》をむいて何《なに》かを考《かんが》えていたが、すぐに顔《かお》を上《あ》げてニッコリと微笑《ほほえ》むと右手《みぎて》をグーにして突《つ》き出《だ》した。

「乗《の》る。二度《にど》とお前《まえ》に会《あ》わないように」

「それはこっちのセリフだ」

「では始《はじ》めよう」

ぼくたちは約束《やくそく》のための握手《あくしゅ》を交《か》わした。それは、ボスの小《ちい》さな手《て》でつくったグーをぼくのパーで包《つつ》みこむ、ちょっと変《か》わったやり方《かた》の握手《あくしゅ》だった。

作《さく》戦《せん》開《かい》始《し》！

「ない。新発売《しんはつばい》の子犬《こいぬ》の情報《じょうほう》がどこにもない」

ぼくは早速《さっそく》リビングで情報収集《じょうほうしゅうしゅう》を始《はじ》めていた。ソファではママとパパがうたた寝《ね》してる。

ゴロゴロゴロゴロ……

ぼくが虫眼鏡《むしめがね》を使《つか》って調《しら》べものをしている横《よこ》で、ボスがテーブルの上《うえ》のゴルフボールをクラブで床《ゆか》に落《お》としている。パットゴルフをして遊《あそ》んでいるんだ。

「君《きみ》は何《なに》もしないの？」

「お前《まえ》を信頼《しんらい》しているからな」

「ファイルを見《み》つけたら、ベイビー忍者《にんじゃ》を送《おく》りこむ？」

「俺《おれ》が完璧《かんぺき》なレポートを書《か》く」

「レポートって何《なに》？」

「レポートとは情報《じょうほう》を書《か》いて、人《ひと》に伝《つた》えるものだ」

「読書感想文《どくしょかんそうぶん》みたいなやつ？　超《ちょう》つまんないよ～」

「それは違《ちが》うぞ、テンプルトン。レポートは、もっと重要《じゅうよう》なことのためにある。レポートは、人々《ひとびと》をひとつにする力《ちから》があり、ときには戦争《せんそう》まで引《ひ》き起《お》こす。宣言《せんげん》にもなるし、詩《し》にもなる。レポートは世界《せかい》を変《か》えるんだ」

パットゴルフに夢中《むちゅう》だったボスが、いつのまにか熱《ねつ》っぽく語《かた》り始《はじ》めていた。そして最後《さいご》にキッと空《そら》を見上《みあ》げて演説《えんぜつ》を締《し》めくくった。

「うわ～お！　説明《せつめい》はカッコよかったけど、やっぱりつまんなそうだね」

「そのうちお前《まえ》にも分《わ》かる」

ボスは、配達《はいたつ》されたピザの箱《はこ》の上《うえ》に飛《と》び降《お》りると、ピザを食《た》べ始《はじ》めた。

「待《ま》てよ」

ぼくはふと手《て》にした案内状《あんないじょう》に目《め》を止《と》め、虫眼鏡《むしめがね》を使《つか》って読《よ》み始《はじ》めた。

「これだ！」

「なんだ？」

「明日《あした》は、ワンワン社《しゃ》の〝お仕事参観《しごとさんかん》の日《ひ》〟だって」

「なぜ子《こ》どもを仕事場《しごとば》に連《つ》れていくんだ？　邪魔《じゃま》になるじゃないか」

「楽《たの》しいからだよ！」

「とんでもないことだ！」

「分《わ》からない？　ワンワン社《しゃ》の中《なか》に入《はい》れれば、子犬《こいぬ》のことだって探《さぐ》れるだろ？」

「お前《まえ》は外出禁止《がいしゅつきんし》だろ？　連《つ》れていってもらえないじゃないか」

「君《きみ》と憎《にく》み合《あ》ってると思《おも》われてるしね」

「〝憎《にく》む〟は言《い》いすぎだが、正《ただ》しいな」

「連《つ》れていってもらうためには、ちゃんと兄弟《きょうだい》らしくしなきゃ」

「ああ」

「つまり、ぼくたちが、あ、あ、あ」

ぼくは、とても言《い》いにくい言葉《ことば》を口《くち》にしようとしていた。ピザを食《た》べ終《お》えたボスは、今《こん》度《ど》は焼《や》きそばをすすっている。

「〝合《あ》わない〟？」

「違《ちが》う」

「〝合《あ》う〟？」

「違《ちが》う。ぼくたちが、あ……」

「あ？　あ？　あ？　あ？　何《なに》を言《い》いたいんだ？」

「あ、あ、あ、あ」

「……おいウソだろ、つまり、まさか、あの言葉《ことば》じゃないだろうな？」

「そう、〝愛《あい》し合《あ》ってる〟って思《おも》ってもらえるようにしないと」

ズズズズズズ〰〰ッ！

「鼻《はな》から出《で》た麺《めん》を飲《の》みこんじゃったじゃないか！」

ボスが真顔《まがお》で文句《もんく》を言《い》った。それぐらい意外《いがい》な言葉《ことば》だったんだろう。

それからぼくたちは、まさに「愛《あい》し合《あ》ってる」ことをママとパパに証明《しょうめい》するために、必《ひっ》死《し》で仲《なか》が良《よ》いフリをした。

食事《しょくじ》のときは、ベビーフードを口《くち》に運《はこ》んであげたし、服《ふく》を着替《きが》えさせてあげたりもした。

「水兵《すいへい》のコスプレなんてゴメンだ！」

「絶対《ぜったい》に着《き》せてやる」

「やれるもんならやってみろ」

裸《はだか》で逃《に》げ回《まわ》るボスを、闘牛士《とうぎゅうし》のように追《お》いかけ回《まわ》したぼくは、殴《なぐ》り合《あ》いの末《すえ》、ついにヤツにセーラー服《ふく》を着《き》せることに成功《せいこう》した。

「ティム、何《なに》してるんだ？」「いったい、なんの騒《さわ》ぎ？」

殴《なぐ》り合《あ》いの気配《けはい》を感《かん》じたママとパパがきたけど、そのときすでにヤツはセーラー服姿《ふくすがた》。

「ママ見《み》て。かわいいと思《おも》わない？」

「あ〜ん、ホントにかわいいわ。そうそう、ティムの分《ぶん》もあるのよ。ふたりでおそろいなの」

「なんだって？」

大誤算《だいごさん》！　結局《けっきょく》、ぼくまでセーラー服《ふく》を着《き》せられて、記念写真《きねんしゃしん》を撮《と》られる羽目《はめ》に。

そのうえ、ペアルックでの記念写真《きねんしゃしん》だというのに、ヤツはまったく笑《わら》おうとしなかった。

ぼくがコチョコチョとわきをくすぐっても、まったく反応《はんのう》しない。

「無意味《むいみ》だ。効果《こうか》なし」

「誰《だれ》にでも弱点《じゃくてん》はある」

試《ため》しにヤツの足《あし》の裏《うら》をくすぐってみた。

コチョコチョコチョコチョ〜

「あ――っはっはっは」

効果《こうか》てきめん！　ボスがケタケタと笑《わら》い始《はじ》めて、ぼくらはまるで本当《ほんとう》に仲《なか》の良《よ》い兄弟《きょうだい》みたいな笑顔《えがお》で写真《しゃしん》に収《おさ》まったんだ。


次《つぎ》にぼくは、ボスに読《よ》み聞《き》かせをしてやった。

「ヘンゼルとグレーテルは、魔女《まじょ》をオーブンに閉《と》じこめ、焼《や》き殺《ころ》しました」

絵本《えほん》を読《よ》みながら、本《ほん》の陰《かげ》からドアのほうを盗《ぬす》み見《み》た。ママとパパがドアのすきまから部屋《へや》の中《なか》を覗《のぞ》いている。ぼくとヤツがうまくやっているかどうかを監視《かんし》しているんだ。

ふたりはぼくたちが仲良《なかよ》くしている様子《ようす》を見《み》て安心《あんしん》したみたいで、静《しず》かにドアを閉《し》めた。

「ふうー」

ぼくらはようやくほっと息《いき》をついた。

「今《いま》のは、人《ひと》を食《た》べたり、生《い》きたまま焼《や》くっていう話《はなし》だったのか？」

「そうだよ」

「ガキが読《よ》む話《はなし》じゃない」

「ちぇっ。仲良《なかよ》くするのって疲《つか》れるなあ」

「それはこっちのセリフだ」

「そういえば、あの写真撮《しゃしんと》ったときの君《きみ》の顔《かお》、超笑《ちょうわら》えた！　うっへへ〜ってこんな感《かん》じで」

ぼくはボスが無理《むり》に笑顔《えがお》を作《つく》ったときの顔《かお》を真似《まね》してやった。

「慣《な》れてないんだ。くすぐられたのは、社員旅行《しゃいんりょこう》でやられたくらい」

「えっ？　くすぐられたことないの？　ママやパパからも？」

ボスが黙《だま》った。

「……ごめん。忘《わす》れてた。君《きみ》には親《おや》はいなかったんだっけ」

「見《み》かけは赤《あか》ん坊《ぼう》だが、俺《おれ》は大人《おとな》として生《う》まれたんだ」

「子《こ》どもだったことがないなんて、ぼくには想像《そうぞう》もつかないよ。誰《だれ》かに愛《あい》されたこともないの？」
「別《べつ》に。もともといないから平気《へいき》さ」
ボスは、ぼくの問《と》いに静《しず》かに答《こた》えると、
スースー
いかにも赤《あか》ちゃんらしいかわいい寝息《ねいき》を立《た》て、ぼくに寄《よ》りかかって眠《ねむ》ってしまった。なんだかぼくまで眠《ねむ》くなってきて、その晩《ばん》は、そのままヤツともたれあいながら眠《ねむ》った。ママとパパがまたドアのすきまからぼくらを覗《のぞ》いているのを感《かん》じながら……。

いよいよ「ワンワン社《しゃ》」へ

「ティム、起《お》きるんだ」「もう朝《あさ》よ」

誰《だれ》かがぼくを起《お》こしている。目《め》を覚《さ》ますと、目《め》の前《まえ》にママとパパがいた。

「どうしたの？　ぼく、ついにクビになった？」

「ハッハッハ。仕事《しごと》に遅《おく》れるぞ」

「仕事《しごと》って？」

「今日《きょう》は〝お仕事参観《しごとさんかん》の日《ひ》〟だ。一緒《いっしょ》にいこう」「外出禁止《がいしゅつきんし》はもうおしまいよ」

――やった！　ボスとの仲良《なかよ》し作戦《さくせん》は大成功《だいせいこう》だ！

「赤《あか》ちゃんも連《つ》れていける？」

「もちろんよ」

「やった！　やった！　やった！」

「ぼくもこんなふうに出勤《しゅっきん》を喜《よろこ》びたいよ」

パパがため息《いき》をつきながら言《い》った。


そうと決《き》まれば、さあ、出勤《しゅっきん》だ！

ボスがぼくの髪《かみ》にワックスをつけて、ブラシでなでつけてくれている。そしてパパの化《け》粧水《しょうすい》をぼくのほっぺたにつけると、どさくさに紛《まぎ》れて1、2発《はつ》ひっぱたいた。

そうくるならと、今度《こんど》はぼくが、ベビーパウダーをヤツのお尻《しり》にはたいてから、仕返《しかえ》しに1、2発《はつ》お尻《しり》をペンペンしてやった。最後《さいご》にベビーパウダー混《ま》じりのおならでさらに仕《し》返《かえ》しされたけど。

そうして、ぼくらは息《いき》の合《あ》った連携《れんけい》プレーで出《で》かける支度《したく》を進《すす》め、

「赤《あか》ちゃんが乗《の》っています」

というステッカーが貼《は》られたウチの車《くるま》に乗《の》りこんだ。

「さあ、着《つ》いたぞ。ワンワン社《しゃ》へようこそ！」

車《くるま》が「ワンワン社《しゃ》」のゲートをくぐると、パパが弾《はず》んだ声《こえ》で言《い》った。社員《しゃいん》の子《こ》どもたちに開放《かいほう》された「ワンワンゾーン」に入《はい》ると、そこはもうお祭《まつ》り会場《かいじょう》のような熱気《ねっき》。風船《ふうせん》やら子犬《こいぬ》やら、社員《しゃいん》の子《こ》どもたちがワーキャー騒《さわ》ぐ声《こえ》やらが充満《じゅうまん》していた。子犬《こいぬ》のプールもある。

「そうだ。ワンワン社《しゃ》の看板犬《かんばんけん》、ワン太郎《たろう》と写真撮《しゃしんと》るか？」

写真撮影《しゃしんさつえい》コーナーでは、そのワン太郎《たろう》が、社員《しゃいん》の子《こ》どもと撮影中《さつえいちゅう》だった。

「ウウウウウ〰〰」

「エーーーン！」

ワン太郎《たろう》の唸《うな》り声《ごえ》が怖《こわ》くて、子《こ》どもが泣《な》きだしている。

「ぼくはいいや。赤《あか》ちゃんが怖《こわ》がるだろうし」

「いい判断《はんだん》だ」

ボスがぼくにだけ聞《き》こえるように言《い》った。

「ウウウウウ〰〰〰」

なぜだろう？　ワン太郎《たろう》がこちらを見《み》ている。

「ねえティム、ママとパパは仕事《しごと》があるんだけど、一緒《いっしょ》にオフィスにきて、見学《けんがく》しない？」

「赤《あか》ちゃんはワンワンゾーンに預《あず》けて、しばらく3人《にん》で過《す》ごそう」

「3人《にん》で？」

ぼくは思《おも》わず声《こえ》を弾《はず》ませた。

「最近《さいきん》は、前《まえ》ほどティムに構《かま》ってあげられなくて、さびしい思《おも》いをさせてたからね」

ママの言葉《ことば》を、ボスがベビーカーの日《ひ》よけの陰《かげ》で聞《き》いているのが分《わ》かった。ちらっと振《ふ》り返《かえ》ると、慌《あわ》てて目《め》をそらす。でも、ヤツのため息《いき》ははっきりと聞《き》き取《と》れた。

「んーと……。ぼくは赤《あか》ちゃんと一緒《いっしょ》にワンワンゾーンにいるよ」

ぼくは、申《もう》し出《で》を断《ことわ》ると、ママやパパと別《わか》れて、ベビーカーを押《お》し始《はじ》めた。

「目的《もくてき》を忘《わす》れずに偉《えら》いぞ。任務《にんむ》が成功《せいこう》したら俺《おれ》は消《き》えるから安心《あんしん》しろ」

ボスが珍《めずら》しくぼくを褒《ほ》めた。


ママとパパと別《わか》れたあと、ぼくとボスは、すぐに行動《こうどう》を開始《かいし》した。

まずは、ワンワンゾーンを探索《たんさく》。早速《さっそく》、「関係者以外立《かんけいしゃいがいた》ち入《い》り禁止《きんし》」と書《か》かれたドアを発見《はっけん》した。

「あそこだ！　新発売《しんはつばい》の子犬《こいぬ》の秘密《ひみつ》ファイルはきっとあそこにある！」

ドアのすぐ横《よこ》には警備員《けいびいん》がいる。

「あのドアからは入《はい》れっこないぞ」

「別《べつ》のドアから入《はい》ろうよ」

ふと見《み》ると、ドアの左下《ひだりした》に「子犬専用《こいぬせんよう》」と書《か》かれた小《ちい》さなドアがあった。

——これだ！

「どうやって警備員《けいびいん》の目《め》を盗《ぬす》むんだ？」

ぼくは素早《すばや》くワンワンゾーンのバックヤードに吊《つ》るされた子犬《こいぬ》の着《き》ぐるみを盗《ぬす》んできた。

「うふふ〜、これ、どう？」

「わっ！　ダメだ。ありえない！」

ぼくの狙《ねら》いを見抜《みぬ》いて、ヤツは頑《かたく》なに拒否《きょひ》したが……。

「ケツがかゆいしくいこむし。まったくもう、最悪《さいあく》だ！」

任務遂行《にんむすいこう》のためには仕方《しかた》ないと、最後《さいご》にはイヤイヤながらも引《ひ》き受《う》けてくれた。お尻《しり》の部分《ぶぶん》がきついのを、やたら気《き》にしながら子犬専用《こいぬせんよう》のドアに向《む》かうヤツを、ぼくはテントの幕《まく》の下《した》から親指《おやゆび》を立《た》てて励《はげ》ました。

ドン！

ぼくのほうをにらみながら歩《ある》いていたせいで、ヤツは女《おんな》の子《こ》とぶつかった。女《おんな》の子《こ》は、ヤツを本物《ほんもの》の子犬《こいぬ》だと思《おも》ったみたいで、抱《だ》き上《あ》げてなでまわそうとしている。

カプッ！

「痛《いた》っ！」

ヤツは女《おんな》の子《こ》の腕《うで》を軽《かる》く噛《か》むと、お札《さつ》をパッとばらまいた。まったく、なんでも金《かね》で解《かい》決《けつ》しようとするんだから。

続《つづ》いて今度《こんど》は子犬《こいぬ》が、ヤツのお尻《しり》に鼻《はな》をくっつけてにおいをかいでいる。しかも、いつのまにか他《ほか》の子犬《こいぬ》たちもヤツのお尻《しり》をかぎに、わらわらと集《あつ》まってきていた。

「こんな辱《はずかし》めは生《う》まれて初《はじ》めてだ。……ううっ！」

ヤツが泣《な》きそうになっていると。

バンッ！

突然《とつぜん》、子犬専用《こいぬせんよう》のドアが開《あ》いて、むこうからたくさんの子犬《こいぬ》たちが飛《と》び出《だ》してきた。ヤツはとたんに弾《はじ》き飛《と》ばされ、子犬《こいぬ》たちにのしかかられている。

ぼくは、ワンワンゾーンの遊具《ゆうぐ》からボールを1個《こ》、調達《ちょうたつ》すると、口笛《くちぶえ》を吹《ふ》いて子犬《こいぬ》たちの気《き》を引《ひ》いてから、ドアとは別《べつ》の方向《ほうこう》に投《な》げた。

「取《と》ってこい！」

キャンキャンキャンキャン！

子犬《こいぬ》たちがいっせいにボールを追《お》って駆《か》け出《だ》した。

そのすきに、ボスは、子犬専用《こいぬせんよう》のドアを目指《めざ》して一目散《いちもくさん》に走《はし》った。だが、あともう少《すこ》しというところで、警備員《けいびいん》に捕《つか》まってしまった。ヤツを目《め》の高《たか》さまで抱《かか》え上《あ》げて、じっと見《み》ている。不審《ふしん》な犬《いぬ》としてマークされてしまったんだろう。

そこでヤツは、人《ひと》なつっこい子犬《こいぬ》のフリをして、警備員《けいびいん》の顔《かお》をべちゃべちゃと舐《な》め始《はじ》めた。

ペロペロペロペロ〰〰!

「うえっ!」

警備員《けいびいん》が手《て》を離《はな》すと、ヤツはすかさず子犬専用《こいぬせんよう》のドアを通《とお》り抜《ぬ》けた。

その間《あいだ》に、ぼくも「関係者以外立《かんけいしゃいがいた》ち入《い》り禁止《きんし》」のドアをそっと開《あ》けて、中《なか》に入《はい》る。

「やったな。偉《えら》いぞ!」

「ワンワンワンワン!」

ドアの内側《うちがわ》でぼくを待《ま》っていたボスは、ぼくが褒《ほ》めると、思《おも》いっきり吠《ほ》えた。やりたくもないことをたくさんやらされたんだもの。怒《おこ》るのも無理《むり》はない。

不満《ふまん》たらたらのボスとぼくは、ワンワン社《しゃ》の奥《おく》へ奥《おく》へと進《すす》んでいった。

「ティモシー・テンプルトン。オフィス忍者《にんじゃ》だ！　やぁっ！」

ぼくがいつもの〝想像《そうぞう》ごっこ〟を始《はじ》めても、ボスは乗《の》ってこなかった。

「シーッ。こっちだ」

「何《なに》？」

そこには「子《こ》どもは立《た》ち入《い》り禁止《きんし》」と書《か》かれたドアがあった。

「うん、絶対《ぜったい》この中《なか》にあるね」

「入《はい》ってくださいって言《い》ってるのと同《おな》じだな」

キキィー
ドアを開《あ》けると、中《なか》は真《ま》っ暗《くら》。ぼくとヤツは、持《も》っていた懐中電灯《かいちゅうでんとう》であたりを照《て》らし始《はじ》めた。部屋《へや》の中《なか》には、まるで図書館《としょかん》みたいに本棚《ほんだな》が並《なら》んでいた。

「書類《しょるい》がめちゃくちゃあるね」

「ハッ。よく子犬《こいぬ》に食《く》いちぎられずに済《す》んでるよな」

ギギィー。　バタン！

入《はい》ってきたドアが勝手《かって》に閉《し》まった。

「なんだか怖《こわ》いよ」

ぼくがおびえると、ボスは懐中電灯《かいちゅうでんとう》を下《した》から顔《かお》に当《あ》てて怖《こわ》い顔《かお》をつくり、さらにぼくを脅《おど》かした。

「魂《たましい》よこせ〜」

「やめろって！」

パッ！

急《きゅう》に部屋《へや》のライトが灯《とも》った。ライトで照《て》らし出《だ》された台《だい》の上《うえ》に、ファイルがおいてある。

「あれだ！」

「ぼくの言《い》った通《とお》りじゃん」

パチン！

ファイルに触《さわ》ろうとするボスの手《て》を、ぼくは思《おも》いっきり叩《たた》いた。

「こういう仕掛《しか》けを、映画《えいが》で見《み》たことがある。ファイルの代《か》わりに何《なに》かをおかないと盗《ぬす》んだのがバレちゃうんだ。何《なに》かファイルの代《か》わりにおくものない？」

「さっきこの辺《へん》で見《み》た気《き》がする」

ボスはそう言《い》うと、近《ちか》くのデスクの上《うえ》にある紙製《かみせい》のファイルを持《も》ち上《あ》げた。

「重《おも》さは、１４２０グラムくらいか？　いや、もう少《すこ》し軽《かる》いな。おい、これを使《つか》え」

ファイルから紙《かみ》を数枚《すうまい》抜《ぬ》くと、ぼくに渡《わた》した。それを台《だい》の上《うえ》にある秘密《ひみつ》ファイルとおき換《か》えようとすると、ボスはぼくを止《と》めて、ファイルに小《ちい》さなクリップを1個《こ》、挟《はさ》んだ。

「これで完璧《かんぺき》だ」

ヤツが念入《ねんい》りな準備《じゅんび》を終《お》えると、ぼくはスーッと息《いき》を整《ととの》え、サッとファイルを入《い》れ替《か》えた。そして、「ワンコ計画《けいかく》」と書《か》かれたファイルをついに手《て》に入《い》れた。

「やった！」

そのとき、ヤツの口《くち》から、よだれが1滴《てき》ゆっくりと滴《したた》り、台《だい》の上《うえ》のファイルに落下《らっか》した。

タラ〜リ、ベチャッ！

ゴゴゴゴゴ……

すると、台《だい》が床《ゆか》に沈《しず》み始《はじ》めた。よだれ1滴分《てきぶん》の重《おも》さが余計《よけい》だったらしい。

「おおっと」

「ヤバイ！」

台《だい》が沈《しず》むのに合《あ》わせて、明《あ》かりがつき、〝仕掛《しか》け〟が姿《すがた》を現《あらわ》した。

それは、バケツや木箱《きばこ》で組《く》み立《た》てられた階段《かいだん》やすべり台《だい》を、ボールが転《ころ》がり落《お》ちるという巨大《きょだい》な〝からくり装置《そうち》〟だった。ボールがカタンカタンと1段《だん》ずつ階段《かいだん》を降《お》りたり、勢《いきお》いよく跳《は》ね上《あ》がったり、すべり台《だい》を勢《いきお》いよく転《ころ》がる。その様子《ようす》は、見《み》ていてまったく飽《あ》きなかった。

案《あん》の定《じょう》、ボスの目《め》も、すっかりこの〝からくり装置《そうち》〟に釘《くぎ》づけだ。

「逃《に》げたほうがいいんじゃない？」

「でも、あまりに見事《みごと》な仕掛《しか》けだから、つい見《み》とれちゃって……」

「最後《さいご》はどうなるんだろう？」

「俺《おれ》も気《き》になる」

ぼくらは逃《に》げ出《だ》したい気持《きも》ちと戦《たたか》いながら、ボールの行方《ゆくえ》を見守《みまも》っていた。

そしてボールが最後《さいご》にシーソーの左側《ひだりがわ》に勢《いきお》いよくドンと落《お》ちたその瞬間《しゅんかん》。シーソーの右《みぎ》側《がわ》にいた何《なに》かが、弾《はじ》け飛《と》んだ。

それは、ワンワンゾーンに居《い》たワン太郎《たろう》だった。

ヒュ―――――ン、ドン!

ワン太郎《たろう》に気《き》を取《と》られているうちに、天井《てんじょう》からカゴが落《お》ちてきて、ぼくらはカゴの中《なか》に閉《と》じこめられてしまった。

「最後《さいご》はこうなるのか」

ボスがため息《いき》をつき、「ワンコ計画《けいかく》」のファイルを開《ひら》いた。ファイルの最初《さいしょ》のページには、「捕《つか》まえた!」という文字《もじ》が書《か》かれている。

「〝捕《つか》まえた〟?」

「ふふふふふ……」

ワン太郎《たろう》が不気味《ぶきみ》な笑《わら》い声《ごえ》を上《あ》げながら、手元《てもと》のレバーを引《ひ》いた。

ガクッ!

「わあー」「あっ!」

床《ゆか》が割《わ》れて、ぼくたちはさらに床下《ゆかした》に落下《らっか》した。

スポン! ガシッ!

落《お》ちたところにおかれた椅子《いす》に見事《みごと》にはまると、すぐに自動的《じどうてき》にシートベルトが締《し》まった。間《ま》もなくワン太郎《たろう》も降《お》りてきて、ぼくらのすぐ横《よこ》に立《た》つ。

そこに聞《き》きおぼえのある声《こえ》がした。後《うし》ろむきにおかれている肘掛《ひじか》け椅子《いす》がクルリと回転《かいてん》して、声《こえ》の主《ぬし》がこちらをむく。

「ハッハッハ。やあ、よくきてくれた」

「……フランシス・フランシス？」

フランシス・フランシスの陰謀《いんぼう》

フランシスは、いつかプロジェクターで映《うつ》し出《だ》されていたとおりの、年《とし》を取《と》った普通《ふつう》のおじいさんだった。

「兄《あに》のユージーンにはもう会《あ》ってるよな。無口《むくち》な男《おとこ》だ」

ワン太郎《たろう》が頭《あたま》にかぶっていたかぶりものを外《はず》すと、中《なか》にはいかつい顔《かお》の大男《おおおとこ》が入《はい》っていた。この男《おとこ》がフランシスのお兄《にい》さんなのか。ワン太郎《たろう》の顔《かお》よりもさらに怖《こわ》いじゃないか。

「できれば、かぶりもの、かぶっててくれる？」

「ウウウウウ〜〜〜〜！」

ユージーンは、いきなり大《おお》きな声《こえ》で唸《うな》って、ぼくらの頭《あたま》を上《うえ》から押《お》さえつけた。

「なんの真似《まね》だ？」

ボスが抗議《こうぎ》する。すると、フランシスが胸《むね》ポケットから、おしゃぶりを取《と》り出《だ》した。

「サプラ〜〜イズ！」

「うちの会社《かいしゃ》のおしゃぶり！　なぜそれを持《も》ってる？」

「私《わたし》が誰《だれ》だか、分《わ》からないか？」

フランシスはそう言《い》うと、手元《てもと》の紐《ひも》を勢《いきお》いよく引《ひ》っ張《ぱ》った。

スルスルスル
フランシスの後《うし》ろで幕《まく》が開《あ》き、そこには大《おお》きな肖像画《しょうぞうが》が。

そこに描《えが》かれていたのは、ボスが尊敬《そんけい》してやまない伝説《でんせつ》の経営者《けいえいしゃ》だった！

「スーパー・ウルトラ・ムチムチ・ビッグ・ボス・ベイビー！」

「あの赤《あか》ちゃんがあなたなの？　年《とし》を取《と》ってシワだらけじゃん」

シワだらけと言《い》われたフランシスは、不満《ふまん》げにおしゃぶりを口《くち》にくわえると、チュウチユウと吸《す》ってみせた。

「なんか……怖《こわ》いよ」

「俺《おれ》の……俺《おれ》の目標《もくひょう》だったのに、なぜこんなことを？」

「質問攻《しつもんぜ》めのうるさいガキどもにはどうしてやろうか？　ユージーン！」

パチン！

フランシスが指《ゆび》をならすと、ユージーンが目《め》の前《まえ》に降《お》り立《た》った。犬《いぬ》の着《き》ぐるみを脱《ぬ》いでスーツ姿《すがた》になっている。ユージーンは、腕《うで》まくりをしながら、一歩一歩《いっぽいっぽ》ぼくらに近《ちか》づき、上着《うわぎ》の内《うち》ポケットから、何《なに》かをバサッと取《と》り出《だ》した。本《ほん》だ。

「自伝《じでん》を読《よ》んでやろう。手作《てづく》りのクッキーも出《だ》すぞ。ユージーン、椅子《いす》の準備《じゅんび》を」

ユージーンがクッキーの載《の》った皿《さら》をぼくらの前《まえ》におくと、フランシスは、ユージーンの膝《ひざ》にちょこんと乗《の》っかった。そしてこれまでのことを話《はな》し始《はじ》めた。

「物語《ものがたり》の舞台《ぶたい》はベイビー社《しゃ》。もう何年《なんねん》も前《まえ》のことだ。有能《ゆうのう》でやり手《て》だった私《わたし》は、すぐにトップに昇進《しょうしん》した。誰《だれ》からも愛《あい》され、大出世《だいしゅっせ》を遂《と》げた私《わたし》は、角部屋《かどべや》のオフィスに、私専用《わたしせんよう》のキラキラのおまるも与《あた》えられた。そう、すべてを手《て》に入《い》れたんだ」

フランシスは、いかにも誇《ほこ》らしげに、唄《うた》うように語《かた》った。

「だがある日《ひ》、私《わたし》は年《とし》を取《と》っていることに気《き》づいてしまった。赤《あか》ちゃんで居続《いつづ》けるためのスーパーミルクが効《き》かなくなったんだ。乳製品《にゅうせいひん》を受《う》けつけない体質《たいしつ》だったからだ」

「なんてことだ！」

スーパーミルクが効《き》かなくなる恐怖《きょうふ》を一番理解《いちばんりかい》しているボスが叫《さけ》んだ。

「そして私《わたし》は、役員会《やくいんかい》から呼《よ》び出《だ》しを受《う》けた」

「〝ヤクイン〟って？」

「会社《かいしゃ》にいる偉《えら》い人《ひと》たちのことだ。奴《やつ》らは無情《むじょう》にも、あっさりと私《わたし》の後任《こうにん》を用意《ようい》した。私《わたし》よりも若《わか》い後任《こうにん》を」

「あんまりだ」

「あとからきた彼女《かのじょ》が、突如《とつじょ》、みなの注目《ちゅうもく》を集《あつ》めた。ティム、君《きみ》なら分《わ》かるだろ？　その気持《きも》ち。すごく……つらいだろ？」

「分《わ》かる。つらいよ」

ぼくは、ボスがウチにきたときのことを思《おも》い出《だ》していた。その横顔《よこがお》を、ボスがじっと見《み》ている。

「で、その後《あと》はどうなったの？」

「私《わたし》はクビになった！　スーパーミルクも取《と》り上《あ》げられ、地上《ちじょう》で暮《く》らせと言《い》い渡《わた》され、送《おく》りこまれたんだ。か、か、か……家族《かぞく》のところへ！」

「それはひどい！」

「ベイビー社《しゃ》は私《わたし》を裏切《うらぎ》った。しかしついに復讐《ふくしゅう》のときがやってきたんだ。私《わたし》の武器《ぶき》は……」

フランシスが自伝《じでん》のページをめくると、クリクリとした大《おお》きな目《め》を輝《かがや》かせたかわいい子《こ》犬《いぬ》が現《あらわ》れた。

「見《み》ろ！　フォーエバー・子《こ》ワンコだ！」

「は？」

「これが武器《ぶき》？」

強力《きょうりょく》な兵器《へいき》が出《で》てくると思《おも》っていたぼくとボスは、拍子抜《ひょうしぬ》けしてしまった。だが、そんなぼくらの反応《はんのう》も想定内《そうていない》だったのか、フランシスはさらにたたみかけてきた。

「決《けっ》して大人《おとな》にならない子犬《こいぬ》を想像《そうぞう》してみろ。永遠《えいえん》に子犬《こいぬ》のままで居《い》てくれるんだぞ。世界中《かいじゅう》でこの子犬《こいぬ》を発売《はつばい》するとどうなると思《おも》う？　誰《だれ》もが子犬《こいぬ》のかわいさに魅了《みりょう》され、誰《だれ》も人間《にんげん》の赤《あか》ん坊《ぼう》など欲《ほ》しがらなくなるだろう。ざまあみろ！　ベイビー社《しゃ》は破滅《はめつ》だ！」

フランシスが高笑《たかわら》いする。すかさずボスが反論《はんろん》した。

「永遠《えいえん》に子犬《こいぬ》のままでいるなんて不可能《ふかのう》だ。そうだろ？」

「可能《かのう》だよ。君《きみ》のおかげで可能《かのう》になった」

ボスをにらみながら、フランシスが迫《せま》ってくる。ユージーンがぼくのリュックを勝手《かって》に開《あ》けて、ボスの哺乳瓶《ほにゅうびん》を取《と》り出《だ》した。

「俺《おれ》のスーパーミルク！」

「これは私《わたし》のものだ」

フランシスは、ユージーンが手《て》にしている哺乳瓶《ほにゅうびん》を奪《うば》い取《と》った。

「私《わたし》の復讐《ふくしゅう》が叶《かな》うのは、君《きみ》のおかげだよ。君《きみ》がベイビー社《しゃ》をつぶすんだ。ざまあみろ！　まんまと罠《わな》にかかったな」

「このままじゃ済《す》まさないぞ！」

「そうだよ！　ぼくが言《い》いつける」

「はあ？　言《い》いつけるって、誰《だれ》に？　両親《りょうしん》か？」

フランシスは、すぐ横《よこ》にあるテレビのスイッチを押《お》した。

あっ！　ママとパパが映《うつ》っている。

「子《こ》どもたちは？」

「ワンワンゾーンに居《い》ろって言《い》ったのに」

ぼくたちを探《さが》すママとパパの姿《すがた》を見《み》ながら、フランシスは、手《て》にしたクッキーをグシャッと握《にぎ》りつぶすと、その手《て》を開《ひら》いて、粉々《こなごな》に砕《くだ》けたクッキーをパラパラと床《ゆか》に落《お》とした。

「ふたりはラスベガスに連《つ》れていく。邪魔《じゃま》するなよ。私《わたし》もふたりを始末《しまつ》したくはないからな」

「ママとパパがぼくらをおいていくはずがない！」

「どうかな？」

パチン！

フランシスが指《ゆび》をならすと、またユージーンが現《あらわ》れた。

「両親《りょうしん》がラスベガスに出張《しゅっちょう》している間《あいだ》、テンプルトン家《け》には、わが社専属《しゃせんぞく》の優秀《ゆうしゅう》なベビーシッターを派遣《はけん》しよう」

スーツから着替《きが》えて女装《じょそう》しているユージーン。傘《かさ》を持《も》っているところを見《み》ると、メリー・ポピンズの真似《まね》らしい。

――まずいぞ……。

――うん、たしかにまずい……。

ぼくとボスは、不安《ふあん》げに顔《かお》を見合《みあ》わせた。

＊＊＊

「心配《しんぱい》するな」

「一晩《ひとばん》だけよ。すぐに帰《かえ》ってくるから」

ママとパパがラスベガスに出発《しゅっぱつ》する日《ひ》まで、ぼくとボスは、なんの手《て》も打《う》つことができずにいた。不安《ふあん》がるぼくたちを、ママとパパがなだめる。

「ベビーシッターもいるし。大丈夫《だいじょうぶ》よ」

そのベビーシッターが問題《もんだい》なんだよ…。ママとパパの後《うし》ろに、フランシスと、メリー・ポピンズ仕様《しよう》のベビーシッター姿《すがた》に女装《じょそう》したユージーンが控《ひか》えている。

「そのとおり！　ユージー……ニアがいれば、何《なに》も心配《しんぱい》ない」

とっさにユージーンの名前《なまえ》を女性《じょせい》の名前《なまえ》に変《か》えて、フランシスがママとパパに胸《むね》を叩《たた》いてみせた。

「ママ、パパ、お願《ねが》いだからいかないで。あいつは……」

「彼女《かのじょ》は子《こ》どもたちから目《め》を離《はな》さないよ。一瞬《いっしゅん》たりともね」

フランシスはぼくの言葉《ことば》を遮《さえぎ》り、グッとぼくらに近《ちか》づいたかと思《おも》うと、低《ひく》くドスの利《き》いた声《こえ》でぼくを黙《だま》らせた。

「これが見《み》えるかな？」

フランシスは、再《ふたた》びぼくらに近《ちか》づくと、クッキーを2枚取《まいと》り出《だ》して見《み》せてから、両手《りょうて》を素早《すばや》く交差《こうさ》させた。パッと手《て》を開《ひら》くと、クッキーは2枚《まい》ともなくなっている。何《なに》かおかしなことをしたら両親《りょうしん》の命《いのち》はないぞ――フランシスは、ぼくらにそう告《つ》げているのだ。

「じゃあな」

ママとパパは、タクシーのトランクにスーツケースを積《つ》みこみ、ぼくらに手《て》を振《ふ》った。

「オッホホホホホホ」

ユージーンが手《て》を振《ふ》り返《かえ》す。

ガッ！

タクシーが発進《はっしん》したのを見届《みとど》けると、ユージーンは、乱暴《らんぼう》にぼくたちの首根《くびね》っこをつかんだ。そして、家《いえ》へ入《はい》ると、バタンとドアを閉《し》めた。

――この狂暴《きょうぼう》なベビーシッターと2日間《かかん》、この家《いえ》に閉《と》じこめられるなんて、絶対《ぜったい》にイヤだ！

なんとかしなくちゃ。

第四章《だいよんしょう》　いざラスベガスへ！

ママとパパを取《と》り戻《もど》せ

地獄《じごく》の時間《じかん》が始《はじ》まった。

ぼくとボスは、ベビーベッドに入《い》れられ、赤《あか》ちゃん部屋《べや》に閉《と》じこめられていた。ベビーベッドの柵《さく》が、まるで檻《おり》のように思《おも》える。

ガチャ

ユージーンが、ドアを細《ほそ》く開《あ》けてぼくらが部屋《へや》に居《い》るかどうかを確《たし》かめにきた。こうして監視《かんし》を続《つづ》けて、ぼくらが何《なに》もできないようにするつもりなんだろう。

「もうおしまいだ。どうしようテンプルトン」

「空港《くうこう》へいって、飛行機《ひこうき》が飛《と》び立《た》つ前《まえ》にフランシスを止《と》めなきゃね」

「そうか！　でもどうやってあの怖《こわ》いベビーシッターを出《だ》し抜《ぬ》くんだ？」

「まずは落《お》ち着《つ》こうよ。何《なに》か方法《ほうほう》があるはずだから」

「……えっえっ、おぎゃあ〜〜〜ん」

ボスは、落《お》ち着《つ》くどころか、突然《とつぜん》、赤《あか》ちゃんに戻《もど》って泣《な》き始《はじ》めてしまった。

「おい、なんとかなるさ。落《お》ち着《つ》けよ」

「……！　うっきゃあ〜〜〜！」

今度《こんど》はケタケタと笑《わら》い始《はじ》めた。やっぱり赤《あか》ちゃんだ。

「おい、大丈夫《だいじょうぶ》か？」

ヤツはゲップで鼻《はな》ちょうちんができたことに驚《おどろ》いたり、またケタケタ笑《わら》ったり、自分《じぶん》のつまさきをしゃぶったりと、ますます赤《あか》ちゃん返《がえ》りが進《すす》んでいる。

困《こま》って、まじまじとボスを覗《のぞ》きこむと、

「見《み》ないでくれ！」

ヤツは突然《とつぜん》、我《われ》に返《かえ》った。

「まずい！　俺《おれ》はスーパーミルクがないと、普通《ふつう》の赤《あか》ん坊《ぼう》に戻《もど》っちまうんだ。つまり、あ・う・あ・う・ば・ぶ・ば・ぶ・になっちまう。言葉《ことば》が話《はな》せなくなるんだ！」

ヤツは、前《まえ》に飲《の》んだスーパーミルクの効《き》き目《め》が薄《うす》れていることに気《き》づいて、焦《あせ》り始《はじ》めていた。フランシスに哺乳瓶《ほにゅうびん》を奪《うば》われたせいで、補給《ほきゅう》ができなくなってしまったからだ。

「今《いま》の俺《おれ》は〝時限爆弾《じげんばくだん》ベイビー〟だ。そのうちに、ウンチもらしたり、ゲロ吐《は》いたりの赤《あか》ん坊《ぼう》に戻《もど》っちまう」

苛立《いらだ》ったボスが、人形《にんぎょう》をぼくに投《な》げつける。

「……待《ま》てよ？　今《いま》のでひらめいたぞ」

「何《なに》？　なんだ？」

「今《いま》までの経験《けいけん》から考《かんが》えると、ベビーシッターが恐《おそ》れることは、ただ一《ひと》つ」

ぼくは、ボスにそっと耳打《みみう》ちした。

それからぼくたちは、早速《さっそく》、行動《こうどう》を開始《かいし》した。

まず、赤《あか》ちゃん部屋《べや》のベビーフードやシリアルを、掃除機《そうじき》にぶちこんだ。

次《つぎ》に、ボスの顔《かお》にペンキを塗《ぬ》りたくってから、シリアルを貼《は》りつけて……。

そのとき、リビングでは、テレビの料理番組《りょうりばんぐみ》が、〝揚《あ》げバター〟の作《つく》り方《かた》を教《おし》えていた。

「揚《あ》げバターをおいしく作《つく》るコツは、ちょっぴりマーガリンを入《い》れること――」

ユージーンが、テレビの料理研究家《りょうりけんきゅうか》の指示通《しじどお》りに、揚《あ》げバターを作《つく》っている。

「ねえ、オバおじさん。赤《あか》ちゃんが具合悪《ぐあいわる》いんだ」

ぼくはリビングにいき、料理中《りょうりちゅう》のユージーンにむかってこう言《い》うと、抱《だ》いていたボスの顔《かお》を見《み》せた。

「うわああ〰〰〜！」

目《め》が片方《かたほう》つぶれ、口《くち》から舌《した》がだらりと垂《た》れ下《さ》がったボスの顔《かお》を見《み》て、さすがのユージーンも悲鳴《ひめい》を上《あ》げる。

「見《み》てあげて」

そう言《い》いながら、ボスの背中《せなか》に隠《かく》した掃除機《そうじき》の吐《は》き出《だ》しスイッチを入《い》れると、
ゲロゲロゲロゲロ――――！

ぼくらがさっき作《つく》ったドロドロの物体《ぶったい》が、まるでボスが吐《は》き出《だ》しているかのように掃除《そうじ》機《き》のホースから飛《と》び出《だ》し、思《おも》いっきりユージーンにかかった。

「わあ〜、怖《こわ》いよ〜」

ぼくはわざとユージーンを追《お》いかけ回《まわ》し、ゲロもどきをかけつづけた。

ゲロゲロゲロゲロ――――！

ゲロゲロゲロゲロ――――！

ゲロゲロゲロゲロゲロ――――！

部屋中《へやじゅう》が緑《みどり》のゲロもどきの海《うみ》。うっかり開《あ》けたユージーンの口《くち》にゲロもどきが入《はい》った瞬間《しゅんかん》をぼくは見逃《みのが》さなかった。

「キモ～い。口《くち》に入《はい》っちゃったね。あ、ぼくの口《くち》にも入《はい》った！　ヤバ～い。ぼくも病気《びょうき》になりそう！」

「わっはっはっは～」

作戦成功《さくせんせいこう》！　ユージーンは、トイレでゲエゲエ吐《は》いている。

「さあ、とどめだ」

ボスの合図《あいず》で、掃除機《そうじき》を後《うし》ろから思《おも》いっきり蹴《け》っ飛《と》ばした。下《した》にローラーのついた掃除《そうじ》機《き》は、ボスを乗《の》せて勢《いきお》いよくトイレへと走《はし》っていく。

「タァッ！」

ボスは、トイレにかがみこんでいるユージーンの背中《せなか》に飛《と》び乗《の》ると、

「あばよ」

と言《い》って、ユージーンの顔《かお》を便器《べんき》に押《お》しこみ、水《みず》を流《なが》した。

ザバザバザバ――――！

「うあああああ～～～～」

ユージーンの叫《さけ》び声《ごえ》が家中《いえじゅう》に響《ひび》き渡《わた》った。


ユージーンがトイレと格闘《かくとう》している間《あいだ》に、ぼくらは、家《いえ》のガレージへと急《いそ》いだ。

「飛行機《ひこうき》が出《で》るまであと1時間《じかん》しかない！」

「ティム、自転車《じてんしゃ》でいこう」

「……自転車《じてんしゃ》は……ちょっと……」

補助輪《ほじょりん》つきの自転車《じてんしゃ》に乗《の》るなんてカッコ悪《わる》いと、ぼくがためらっているそのとき、
ガタガタッ！

家《いえ》の壁《かべ》を蹴破《けやぶ》って、頭《あたま》に便器《べんき》をかぶったユージーンがガレージに飛《と》びこんできた。

「ガ――――！」

「うわあ！」

「ティム、急《いそ》げ！」

「分《わ》かった。ちょっと待《ま》ってて」

ぼくはボスを自転車《じてんしゃ》の前《まえ》カゴに乗《の》せると、ヘルメットを取《と》りにいった。もちろんぼくの分《ぶん》とヤツの分《ぶん》だ。

「テンプルトン。急《いそ》がないと」

「自転車《じてんしゃ》に乗《の》るときは、必《かなら》ずヘルメットをかぶらないとね」

「ガ――――！」

ユージーンが追《お》いかけてきた。便器《べんき》で前《まえ》が見《み》えないせいで、思《おも》うように動《うご》けないようだ。

「じゃあな、トイレ頭《あたま》！」

「んが――――！」

ユージーンは怪力《かいりき》で便器《べんき》を割《わ》ると、口《くち》からピューっと水《みず》を吐《は》き、ガレージにあったぼくのキックスケーターに素早《すばや》く飛《と》び乗《の》って、ものすごい勢《いきお》いでぼくらを追《お》ってきた。

「マジ？」

「マジ」

ぼくは必死《ひっし》で自転車《じてんしゃ》をこいで、グングン迫《せま》ってくるユージーンから逃《に》げた。

「うわ―――！」

「わ―――！」

はっと気《き》づくと、すぐ目《め》の前《まえ》に階段《かいだん》が！

「わわわわわわわわわ」

「わわわわわわわわわ」

ぼくらは自転車《じてんしゃ》に乗《の》ったまま階段《かいだん》を走《はし》り降《お》りた。キックスケーターに乗《の》ったユージーンも、すぐ後《あと》から階段《かいだん》の手《て》すりをすべり降《お》りてくる。キックスケーターからは火花《ひばな》が……！

「わわわわわわわわわ」

「わわわわわわわわわ」

階段《かいだん》を降《お》りるとそこは公園《こうえん》だった。

「ステイシー！　応答《おうとう》せよ」

公園《こうえん》を通《とお》り抜《ぬ》けながら、ボスが無線機《むせんき》から部下《ぶか》を呼《よ》んだ。

「コード・レッド！　危険《きけん》な事態《じたい》だ。ベビーシッターに命《いのち》を狙《ねら》われてる。みんなを集《あつ》めろ」

「了解《りょうかい》です」

これで、ステイシーが三《み》つ子《ご》とジンボを招集《しょうしゅう》してくれるだろう。

公園《こうえん》を通《とお》り抜《ぬ》けると、ぼくたちは街《まち》に突入《とつにゅう》した。

「テンプルトン、何《なに》してる？　早《はや》くいけ」

「信号《しんごう》は守《まも》らなくちゃ」

「罰金《ばっきん》は払《はら》ってやる。さあ、いこう」

押《お》しボタン式信号機《しきしんごうき》で律儀《りちぎ》にボタンを押《お》すぼくを、ボスがお札《さつ》をばらまいて急《いそ》がせる。

いつも金《かね》で解決《かいけつ》しようとするのがヤツの悪《わる》いところだ。

やがてぼくらは街中《まちなか》を抜《ぬ》け、住宅街《じゅうたくがい》にさしかかっていた。

「ユージーンが見《み》えなくなったよ。ついにま・い・たぞ！」

「いや、まだまいてなかった。上《うえ》からきやがった！」

ボスの言《い》う通《とお》り、空《そら》を見上《みあ》げると、そこにはユージーンが。

バッ！

ユージーンは、傘《かさ》を開《ひら》いて、メリー・ポピンズのようにひらひらと舞《ま》い降《お》りてきた。

「ハッハハハハー」

不気味《ぶきみ》な笑《わら》い声《ごえ》を立《た》てながら着地《ちゃくち》すると、さらに速度《そくど》を上《あ》げて追《お》いかけてくる。

「わあ、すぐそばまできたぞ！」

「ヤバい！」

そこにようやく援軍《えんぐん》が現《あらわ》れた。ステイシーと三《み》つ子《ご》、ジンボだ。

ステイシーは自転車《じてんしゃ》、三《み》つ子《ご》は電動《でんどう》の消防車《しょうぼうしゃ》に乗《の》り、ジンボは手押《てお》し車《ぐるま》を押《お》している。

まずは、ジンボとユージーンの対決《たいけつ》が始《はじ》まった。

ジンボは、手押《てお》し車《ぐるま》ごとジャンプし、そのままユージーンの上《うえ》に飛《と》び乗《の》ると、
バシバシバシバシバシバシバシバシバシ
手押《てお》し車《ぐるま》のおもちゃの部分《ぶぶん》を、ユージーンの顔《かお》にこれでもかというほどに叩《たた》きつけた。

グギッ！

ユージーンがジンボのおもちゃをつかみ、引《ひ》きちぎって対抗《たいこう》する。

「ぼくのおもちゃを壊《こわ》した……」

ジンボの怒《いか》りに火《ひ》がついた。ジンボが、ユージーンの眉毛《まゆげ》をブチっとむしりとると、今《こん》度《ど》はユージーンが、ジンボをつかんで遠《とお》くに投《な》げ飛《と》ばす。通《とお》りに停《と》まっていたクルマのボンネットに落《お》ちたジンボは、ボンネットからすべり降《お》りると、またユージーンを追《お》い始《はじ》めた。

次《つぎ》は三《み》つ子《ご》の攻撃《こうげき》だ。

「ハーッ！」「フーッ！」

三《み》つ子《ご》は、サーカス団員《だんいん》のようにかわるがわるジャンプしながら、続《つづ》けざまにユージーンの顔《かお》やお腹《なか》に飛《と》び蹴《げ》りを食《く》らわせた。ユージーンにはしごをつかまれてしまうと、今度《こんど》は反撃《はんげき》のために消防車《しょうぼうしゃ》のアクセルを力《ちから》いっぱい踏《ふ》みこむ。

ブウ――――ン！

消防車《しょうぼうしゃ》は猛《もう》スピードで走《はし》り始《はじ》め、振《ふ》り落《お》とされないように必死《ひっし》ではしごをつかむユージーンを振《ふ》り回《まわ》した。

消防車《しょうぼうしゃ》のはしごを両手《りょうて》でつかむユージーンの足元《あしもと》には、キックスケーター。消防車《しょうぼうしゃ》との距離《きょり》が伸《の》びたり縮《ちぢ》んだりするたびに、ユージーンの体《からだ》も、しゃくとり虫《むし》みたいに伸《の》び縮《ちぢ》みしてる。

そうこうしているうちに、ジンボはステイシーの三輪車《さんりんしゃ》の後《うし》ろに乗《の》り、消防車《しょうぼうしゃ》とキックスケーターの間《あいだ》にあるユージーンの体《からだ》の下《した》に素早《すばや》く入《はい》りこんだ。

うつぶせになってはしごにつかまるユージーン。

その下《した》で、あおむけになってユージーンとむかい合《あ》うジンボ。

お互《たが》いにものすごいスピードで進《すす》みながら、ジンボは、自分《じぶん》の上《うえ》に覆《おお》いかぶさるような体勢《たいせい》の、ユージーンの左右《さゆう》のわきをくすぐり始《はじ》めた。

コチョコチョコチョコチョ～

たまらずユージーンがはしごから手《て》を離《はな》す。すると、消防車《しょうぼうしゃ》はそのはずみでぐるぐると回《まわ》り、三《み》つ子《ご》とステイシー、ジンボはピューンと空《そら》に高《たか》く舞《ま》い上《あ》がった。

無人《むじん》で走《はし》り続《つづ》ける消防車《しょうぼうしゃ》。その運転席《うんてんせき》に再《ふたた》び乗《の》ったのは、三《み》つ子《ご》でもステイシーやジンボでもなく、ユージーンだった！

カンカンカンカンカンカンカンカン
ユージーンは、快調《かいちょう》にサイレンをならしながら、ぼくらを追《お》いかけてきた。アクセルを踏《ふ》みこみ、スピードを上《あ》げて迫《せま》ってくる。

「ティム、もっと速《はや》くこげ！」

「無理《むり》だよ、できっこない！」

「できる。やるんだ。ハッ！」

ボスは、ひらりとぼくの肩《かた》に飛《と》び乗《の》ると、後《うし》ろからぼくにつかまった。

「自分《じぶん》を信《しん》じろ。お前《まえ》ならできる。前《まえ》をむけ」

そう言《い》ってぼくを励《はげ》ます。

「ケツを上《あ》げて、全力《ぜんりょく》でこげ！　自分《じぶん》の人生《じんせい》は自分《じぶん》でこがないと」

ボスの声《こえ》に応《こた》えるように、ぼくは精一杯《せいいっぱい》速《はや》くペダルをこいだ。

「ウオ―――！」

ユージーンがすぐ後《うし》ろまで迫《せま》ってきた。手《て》を伸《の》ばして、ボスを捕《とら》えようとしている。ぼくはさらに速《はや》くペダルをこいだ。

ガタッ！

速《はや》くこぎ過《す》ぎたせいで、補助輪《ほじょりん》が外《はず》れた。とたんに自転車《じてんしゃ》が左右《さゆう》にグラグラ揺《ゆ》れ始《はじ》める。

「補助輪《ほじょりん》なしじゃ走《はし》れないよ！」

「できるかできないかを決《き》めるのは自分自身《じぶんじしん》だ」

「何《なに》それ、どういう意味《いみ》？」

「成功《せいこう》への道《みち》は平《たい》らでまっすぐじゃない。険《けわ》しいんだ。まるで荒《あ》れた海《うみ》のように。だからお前《まえ》は船長《せんちょう》として、この荒《あ》れる海《うみ》を乗《の》りきるんだ！」

ヤツのこの言葉《ことば》で、目《め》の前《まえ》の道《みち》が、波打《なみう》ち始《はじ》めた。

ここは海《うみ》。ぼくは船長《せんちょう》。荒波《あらなみ》を乗《の》り越《こ》えるのがぼくのミッション。

これこそ想像《そうぞう》ごっこむきのシチュエーション。ぼくの得意分野《とくいぶんや》じゃないか！

「ぼくは船長《せんちょう》。荒《あ》れる海《うみ》をいく！」

目《め》の前《まえ》からユージーンの顔《かお》をした巨大魚《きょだいぎょ》が現《あらわ》れた。ぼくがこぐ小舟《こぶね》を呑《の》みこもうとする。

ぼくは舵《かじ》をさばいてうまく避《よ》けた。

「いいぞ！」

次《つぎ》に木《き》が見《み》えてきた。

「失敗《しっぱい》をめざせば必《かなら》ず成功《せいこう》できる」

「はあ？」

思《おも》いっきり舵《かじ》、つまり自転車《じてんしゃ》のハンドルを切《き》ってギリギリのところでかわす。

「やった。できたよ！」

「一度《いちど》、自信《じしん》がつけば、あとは坂《さか》だ！」

ぼくは坂《さか》を猛《もう》スピードで下《くだ》り始《はじ》めた。

坂《さか》の下《した》の道《みち》を、ママたちを乗《の》せたタクシーが走《はし》っている。

「見《み》て！　あのクルマだ。ママ！　パパ！」

――よーし、追《お》いつくぞー！

道《みち》が平《たい》らになってからも、ぼくは勢《いきお》いよく自転車《じてんしゃ》をこぎ続《つづ》けた。

ママたちを乗《の》せたタクシーが踏切《ふみきり》を渡《わた》ると、遮断機《しゃだんき》が下《お》りて電車《でんしゃ》が線路《せんろ》に入《はい》ってきた。

ダメだ、追《お》いつけない！

「踏切《ふみきり》だ。止《と》まれ！」

ボスが叫《さけ》ぶ。でも、止《と》まるとすぐ後《うし》ろにいるユージーンに捕《つか》まっちゃう！　線路《せんろ》のすぐ手前《てまえ》に
ぼくはハンドルを左《ひだり》に切《き》ると、線路脇《せんろわき》の工事現場《こうじげんば》へと入《はい》っていった。

土《つち》を盛《も》ってできた小山《こやま》がある。

「何《なに》してる？」

ぼくが止《と》まらないのを見《み》て、ボスが慌《あわ》て始《はじ》めた。

そのとき、ぼくには、道《みち》の先《さき》に、サーカスでライオンがくぐるような大《おお》きな火《ひ》の輪《わ》が待《ま》ち受《う》けているのが見《み》えていた。

「やってみせる！」

ぼくが乗《の》っているのは、めちゃめちゃカッコいいオートバイ。肩《かた》に乗《の》せたボスと一緒《いっしょ》に、この輪《わ》をくぐり抜《ぬ》けるんだ！　今《いま》はそういう想像《そうぞう》ごっこなんだ！

「……！　ここにうまくハマるいい言葉《ことば》が見《み》つからない！」

ボスが、ほとんど悲鳴《ひめい》に近《ちか》い高《たか》い声《こえ》で叫《さけ》ぶ。さっきから、どっかで聞《き》いたことのあるようなことばかり言《い》っていたヤツも、さすがにこの場面《ばめん》では何《なに》も言葉《ことば》が浮《う》かばないらしい。

ブウウン！

ぼくらはオートバイごと空《そら》に高《たか》く高《たか》く舞《ま》い上《あ》がり、太陽《たいよう》の前《まえ》を横切《よこぎ》って、大《おお》きく弧《こ》を描《えが》いてから着地《ちゃくち》した。……あれ？　こういう場面《ばめん》、何《なに》かの映画《えいが》になかったたっけ？

こうしてぼくらは、無事《ぶじ》に踏切《ふみきり》を飛《と》びこえた。追《お》ってきたユージーンの前《まえ》には、火《ひ》の輪《わ》ではなく、土《つち》を盛《も》った小山《こやま》が立《た》ちはだかっている。

ズボッ！

ユージーンは、そのまま頭《あたま》から山《やま》に突《つ》っこんだ。ぼくとボスは、ハアハアと息《いき》を弾《はず》ませながら、それを見届《みとど》けた。

「テンプルトン、お前《まえ》、やったな！」

「ぼくだけじゃない。ふ・た・り・でやったんだ」

「しかも、補助輪《ほじょりん》なしでな」

ぼくたちは少《すこ》しの間《あいだ》、見《み》つめ合《あ》うと、またすぐに空港《くうこう》へとむかった。のんびりしてはいられない。ママとパパを追《お》いかけなくちゃ！

初《はじ》めての兄弟《きょうだい》げんか

「どいてどいて～、通《とお》りまーす！」

「赤《あか》ちゃん乗《の》ってまーす！」

ぼくらは自転車《じてんしゃ》のまま空港《くうこう》の出発《しゅっぱつ》ロビーに入《はい》り、そのまま走《はし》らせた。すぐ先《さき》に手荷物検《てにもつけん》査《さ》のコーナーがある。

「オムツしっかりつかんで丸《まる》まってて！」

ぼくはボスにそう指示《しじ》すると、丸《まる》まったボスを抱《だ》きかかえて自転車《じてんしゃ》からX線《エックスせん》検査《けんさ》のベルトコンベヤーに素早《すばや》く飛《と》び移《うつ》った。自転車《じてんしゃ》だけが、人《ひと》が通《とお》るほうの金属探知機《きんぞくたんちき》をすり抜《ぬ》けていく。

ぼくとボスは、ベルトコンベヤーで運《はこ》ばれ、全身《ぜんしん》をX線《エックスせん》で検査《けんさ》された。もちろん、ふたりとも大事《だいじ》なところを両手《りょうて》でしっかりとかくしたよ。

検査《けんさ》を終《お》えてX線《エックスせん》の機械《きかい》から出《で》てきたぼくたちは、すぐにベルトコンベヤーを降《お》り、係員《かかりいん》に見《み》つからないように姿勢《しせい》を低《ひく》くして、ママとパパを探《さが》した。

「いたぞ。ママ！　パパ！」

ふたりは、まさに今《いま》、エスカレーターで上《うえ》のフロアへと上《あ》がるところだった。ぼくは思《おも》わず駆《か》け出《だ》した。

「おい、焦《あせ》るな」

ボスも追《お》ってきた。

「あ、まずいぞ。テンプルトン！」

ヤツの声《こえ》が後《うし》ろから聞《き》こえたけど、ぼくは構《かま》わず走《はし》り続《つづ》けた。早《はや》くしないと、ママとパパがラスベガスにいってしまう。

ドン！

「失礼《しつれい》！」

むこうから歩《ある》いてきた人《ひと》とぶつかった。それでも、先《さき》を急《いそ》ぐ。急《いそ》げ急《いそ》げ！　急《いそ》がないと！

「……あれ？　いない！」

　このとき、ボスがついてきていないことにようやく気《き》づいた。エスカレーターから振《ふ》り返《かえ》ると、床《ゆか》に座《すわ》りこんで散《ち》らばった小銭《こぜに》で遊《あそ》んでいるボスの姿《すがた》が目《め》に入《はい》った。ぱちぱちと手《て》を叩《たた》いて喜《よろこ》んでる。

「ウソだろ、またかよ！　こんなときに赤《あか》ちゃんに戻《もど》んないでよ」

　このままママとパパを追《お》いかけるべきか。

　それとも、ヤツを連《つ》れに戻《もど》るべきか。

　ぼくが迷《まよ》っている間《あいだ》も、ヤツはコインを口《くち》に入《い》れたりして遊《あそ》んでいる。そして、ようやく正気《しょうき》に戻《もど》ってコインを口《くち》から出《だ》すと、ぼくを目《め》で追《お》い始《はじ》めた。でも、空港《くうこう》をいきかう人《ひと》たちの波《なみ》に飲《の》まれて、立《た》ち上《あ》がることすらできない。

「あー、あー！　たたたた、助《たす》けて！」

「いくよ！」

　結局《けっきょく》、ぼくは、ボスを連《つ》れに戻《もど》るほうを選《えら》んだ。だってあんな赤《あか》ん坊《ぼう》をひとりにしておけるわけないじゃないか！　ぼくは戻《もど》ってヤツを抱《だ》き上《あ》げると、あらためてママとパパを追《お》い始《はじ》めた。

「ママ！　パパ！」

エスカレーターをのぼりきった先《さき》の搭乗《とうじょう》ゲートに、やっとふたりを見《み》つけた！　だが、ママとパパより先《さき》にフランシスに気《き》づかれてしまった。

「急《いそ》いで。遅《おく》れるぞ」

フランシスは、慌《あわ》ててママたちを機内《きない》へと送《おく》り出《だ》した。

「待《ま》って！」

ぼくの声《こえ》は、フランシスの声《こえ》にかき消《け》されて、ふたりには届《とど》かない。

ふたりを機内《きない》に押《お》しこんだフランシスは「あきらめろ！」と捨《す》てゼリフを残《のこ》して搭乗《とうじょう》ゲートのドアを閉《し》めた。

「待《ま》って！」

ガチャガチャガチャガチャ
ドアは開《あ》かない。

「まずい」

「ママ！　パパ！　いかないで」

ぼくらは、飛行機《ひこうき》の中《なか》にいるふたりに必死《ひっし》で呼《よ》びかけた。けど、ふたりとも気《き》づかない。

「いくな」

「イヤだ！」

キイイ————ン！

飛行機《ひこうき》は、無情《むじょう》にも飛《と》び立《た》ってしまった。

「いっちゃった……」

「失敗《しっぱい》だな」

せっかくここまで追《お》いついたのに——。ぼくには、まるで失敗《しっぱい》を他人事《ひとごと》のように言《い》うボスの言葉《ことば》がひどく気《き》に障《さわ》った。

「……間《ま》に合《あ》わなかったのは、君《きみ》を助《たす》けに戻《もど》ったせいだ」

「なんだと？　お前《まえ》がまともに自転車《じてんしゃ》に乗《の》れていたら、余裕《よゆう》のよっちゃんで空港《くうこう》に着《つ》いてたはずだ。おかげで、新製品《しんせいひん》の子犬《こいぬ》の発売《はつばい》を止《と》められなくなったんだぞ！」

「それが何《なに》？　ぼくの両親《りょうしん》が危険《きけん》だっていうのに」

「こっちだって、会社《かいしゃ》がつぶれてしまうんだ」

「いつも会社《かいしゃ》、会社《かいしゃ》、会社《かいしゃ》、会社《かいしゃ》！　家族《かぞく》の一員《いちいん》になるってことを、分《わ》かってない！」

「お前《まえ》だって、仕事《しごと》ってものを分《わ》かってない！」

「君《きみ》は、温《あたた》かいハグも、ママが読《よ》み聞《き》かせてくれる絵本《えほん》の楽《たの》しさも、ママとパパが唄《うた》ってくれる歌《うた》の心地《ここち》よさも……何《なに》も知《し》らないだろ！」

「おいおい。勘弁《かんべん》してくれよ。まだまだ赤《あか》ん坊《ぼう》みたいだな」

「赤《あか》ん坊《ぼう》はそっちだろ！」

ボスが息《いき》を呑《の》んだ。

「今《いま》のは取《と》り消《け》せ」

「君《きみ》がきてから、ぼくの人生《じんせい》はメチャメチャになった」

「それはお互《たが》いさまだ。俺《おれ》だってお前《まえ》なんかと出会《であ》いたくはなかった」

「君《きみ》なんか生《う》まれてこなければよかったのに！」

ボスの表情《ひょうじょう》が固《かた》まった。

ヤツは、口《くち》をぎゅっと結《むす》ぶと、ネクタイを締《し》め直《なお》して、ぼくに背《せ》をむけ、トコトコと歩《ある》き始《はじ》めた。

「どこいくんだよ？」

ヤツの姿《すがた》がどんどん遠《とお》ざかっていく。

確《たし》かに、ぼくが言《い》い過《す》ぎた。泣《な》きたくなって顔《かお》を伏《ふ》せ、しゃがみこんだぼくの前《まえ》を、乗《じょう》客《きゃく》たちが忙《せわ》しくいきかう。

♪♪♪♪♪♪〜

一人《ひとり》になったぼくは、消《き》え入《い》るような声《こえ》であの歌《うた》を唄《うた》った。ママとパパが寝《ね》かしつけの時《とき》に唄《うた》ってくれるあの歌《うた》。ぼくを安心《あんしん》させてくれて、ぼくを勇気《ゆうき》づけてくれて、空《そら》に羽《は》ばたいていきたくなるような、あの歌《うた》を。

そのとき、空港《くうこう》のアナウンスがぼくを呼《よ》んでいることに気《き》がついた。

「ティモシー・テンプルトン様《さま》。お近《ちか》くにある白《しろ》い無料電話《むりょうでんわ》をお取《と》りください。ティモシー・レズリー・テンプルトン様《さま》。白《しろ》い無料電話《むりょうでんわ》をお取《と》りください」

「〝レズリー〟だって」

知《し》らない人《ひと》がぼくの名前《なまえ》を聞《き》いて笑《わら》ってる。

ぼくは、すぐそばにあった白《しろ》い無料電話《むりょうでんわ》の受話器《じゅわき》を取《と》った。

「もしもし」

「俺《おれ》だ」

なんだ、ヤツか。ぼくは電話《でんわ》を切《き》ろうと、受話器《じゅわき》を戻《もど》しかけたが、

「切《き》らないでくれ」

というヤツの声《こえ》を聞《き》き、仕方《しかた》なく受話器《じゅわき》を耳《みみ》に当《あ》て直《なお》した。

「ティム、俺《おれ》は生《う》まれたんじゃない、雇《やと》われたんだ」

「どういう意味《いみ》？」

「ベイビー社《しゃ》にしか居《い》たことがないんだ。会社《かいしゃ》だけが、俺《おれ》の居場所《いばしょ》だった。だから、お前《まえ》の言《い》う通《とお》り、家族《かぞく》の一員《いちいん》になんて、なったことはないんだ」

ぼくはゆっくりと振《ふ》り返《かえ》った。通路《つうろ》を挟《はさ》んだ向《む》こう側《がわ》にヤツがいた。誰《だれ》かのスーツケースを踏《ふ》み台《だい》にして、なんとか無料電話《むりょうでんわ》に手《て》を届《とど》かせていた。

「でも、テンプルトン家《け》の家族《かぞく》のことは、大事《だいじ》に思《おも》っている」

「ほんと？」

「本当《ほんとう》だ」

ヤツはじっとこちらを見《み》ながら話《はな》していた。

「家族《かぞく》と会社《かいしゃ》を救《すく》うには、フランシス・フランシスを止《と》めるしかない」

「うん」

「俺一人《おれひとり》ではできないけど、お前《まえ》となら」

「ぼくたち、いいチームだもんね」

「いやぁ、俺一人《おれひとり》では、ドアノブにすら手《て》が届《とど》かない。お前《まえ》が必要《ひつよう》なんだ」

ヤツがすぐそばにあるドアノブを指《ゆび》さしている。

「ははっ。確《たし》かにそうだね」

「心配《しんぱい》するな。お前《まえ》の両親《りょうしん》は助《たす》ける」

「君《きみ》の会社《かいしゃ》もね。でも……どうやってラスベガスにいこう？」

「奇跡《きせき》に期待《きたい》しよう」

ボスがそう言《い》うと、ぼくらの間《あいだ》にあるエスカレーターから誰《だれ》かが降《お》りてきた。

想像《そうぞう》ごっこで意気投合《いきとうごう》

エスカレーターから降《お》りてきた人《ひと》には、なぜか見《み》おぼえがあった。その人《ひと》はまるで鳥《とり》の翼《つばさ》のように両手《りょうて》を広《ひろ》げてエスカレーターを優雅《ゆうが》に駆《か》け降《お》りてから、ギターを弾《ひ》きながら、ゴキゲンなビートに乗《の》って歩《ある》き出《だ》した。

あの衣裳《いしょう》、あの靴《くつ》、あの髪型《かみがた》、あの顔《かお》……まさか、元祖《がんそ》ロックンローラーのエルヴィス・プレスリー？

「エルヴィスに続《つづ》け！　エルヴィスについていけば、ラスベガスにいけるはずだ」

ボスが受話器《じゅわき》を放《ほう》り投《な》げてスーツケースから降《お》り、エルヴィスを追《お》い始《はじ》めた。ぼくもボスに合流《ごうりゅう》して、エルヴィスの後《あと》に続《つづ》く。

「あっ、あっちにも、もうひとりいる！」

「こっちにもだ」

――派手《はで》なアクションでバナナの皮《かわ》をむくエルヴィス。

――チョコレートディップをつけたお菓子《かし》を大《おお》げさに口《くち》にくわえるエルヴィス。

――仲間《なかま》の歌《うた》とギターに合《あ》わせてノリノリで踊《おど》るエルヴィス。

「エルヴィスだらけだ！」

襟《えり》を立《た》てた袖口《そでぐち》の広《ひろ》い派手《はで》なシャツと、裾《すそ》の広《ひろ》がったズボンのジャンプスーツを着《き》て、かかとの高《たか》い靴《くつ》を履《は》き、髪型《かみがた》は前髪《まえがみ》を高《たか》く立《た》ち上《あ》げたリーゼント。そしてサングラスにマフラー。みな、同《おな》じスタイルだ。

そのエルヴィス軍団《ぐんだん》が、いっせいに同《おな》じ搭乗《とうじょう》ゲートへとむかっている。ラスベガスで「エルヴィス・プレスリー全国大会《ぜんこくたいかい》」でも開《ひら》かれるんだろうか？

「ティム、あの飛行機《ひこうき》に乗《の》ろう」

ボスが指《ゆび》さす先《さき》には、「ビューリタン航空《こうくう》　11便《びん》　ラスベガスいき　16時《じ》30分発《ぷんはつ》」という表示《ひょうじ》があった。

ぼくはぐるりとあたりを見渡《みわた》した。お腹《なか》の出《で》たエルヴィスがトイレに入《はい》るところだった。

「チケットはあそこだ」

ぼくらはそっとトイレに入《はい》ると、鼻歌《はなうた》を唄《うた》いながら用《よう》を足《た》している〝小太《こぶと》りエルヴィス〟のブースに近《ちか》づいた。エルヴィスたちはジャンプスーツを着《き》ているので、用《よう》を足《た》すときは、いったん、服《ふく》を脱《ぬ》がなければならない。このエルヴィスも、脱《ぬ》いだジャンプスーツをドア脇《わき》のフックに掛《か》けていた。かつらも外《はず》している。

「ごめんね！」

ぼくらはドアの上《うえ》からジャンプスーツとかつらを素早《すばや》くつかむと、中《なか》に居《い》る〝小太《こぶと》りエルヴィス〟に形《かたち》ばかりの謝罪《しゃざい》をして、トイレから飛《と》び出《だ》した。ボスが最後《さいご》にお札《さつ》をばらまいたのは、せめてもの気持《きも》ちだったんだろう。

そして、急《いそ》いで着替《きが》えをしてから、搭乗《とうじょう》ゲートにむかった。

そのときのぼくらがどんな格好《かっこう》だったかというと……。

——顔《かお》から上《うえ》を担当《たんとう》したボスは、リーゼントにサングラス

——首《くび》から下《した》を担当《たんとう》したぼくは、ジャンプスーツにベルトと大《おお》げさに広《ひろ》げた両腕《りょううで》

つまり2人《ふたり》で一体《いったい》のエルヴィスというわけ。

「やあ！　スパンコール同志《どうし》よ。ハァッ♪」

「ヘイ、ベイビー！　チケットを拝見《はいけん》しま〜す！」

ぼくが派手《はで》なアクションであいさつすると、やはりエルヴィスに扮《ふん》した確認係《かくにんがかり》も、軽《かろ》やかにその場《ば》でターンしてから片手《かたて》を差《さ》し出《だ》した。

「待《ま》って」

ぼくとボスは、あたふたとチケットを探《さが》すフリをした。

「盗《ぬす》まれた！」

「ニセのモノマネ野郎《やろう》に？」

「そうだ。捕《つか》まえて！」

ぼくらは、確認係《かくにんがかり》の注意《ちゅうい》をそらしたすきに、さっとゲート内《ない》に駆《か》けこんだ。

「あっ！　おい、ベイビー、待《ま》て！」

確認係《かくにんがかり》が追《お》いかけてきたけど、つかんだジャンプスーツの中《なか》はもぬけの殻《から》。ぼくらはとっくにジャンプスーツから抜《ぬ》け出《だ》して、まんまと機内《きない》に忍《しの》びこんでいた。

予想通《よそうどお》り、機内《きない》はエルヴィスだらけだった。

——荷物棚《にもつだな》にスーツケースをしまうエルヴィス。

――座《すわ》って行儀《ぎょうぎ》よくシートベルトを締《し》めるエルヴィス。

――シートを思《おも》いっきり倒《たお》してくつろぐエルヴィス。

誰《だれ》もが足《あし》でビートを刻《きざ》んでる。

「席《せき》を見《み》つけなきゃ」

「こい！　こっちだ」

赤《あか》ちゃんのように床《ゆか》をハイハイしながら空席《くうせき》を探《さが》していたぼくとボスは、ヤツの合図《あいず》で立《た》ち上《あ》がると、飛行機《ひこうき》の前《まえ》のほうへと走《はし》った。

飛行機《ひこうき》の前《まえ》のエリアに飛《と》びこんでから、急《いそ》いでカーテンを引《ひ》く。これで、エルヴィスたちの視線《しせん》を遮《さえぎ》ることができる。

「ハアハア」

「ハアハア」

そこには、エルヴィスたちが座《すわ》っていたよりも、もっと大《おお》きなシートがゆったりと配置《はいち》されていて、正面《しょうめん》では、プロの奏者《そうしゃ》がハープを演奏《えんそう》している。

「うわ〜。ここはいったい、なんなの？」

「テンプルトン、これが……ファーストクラスだ」

「ガラガラだ」

「高《たか》いからな。だからこそ素晴《すば》らしい」

ぼくらは、まだ乗客《じょうきゃく》のいないファーストクラスのシートに座《すわ》ることにした。ボスが窓側《まどがわ》で、ぼくが通路側《つうろがわ》だ。

「レディース、アンド、ジェントルメン！　皆《みな》さま、こんにちは。機長《きちょう》のロスです。まもなく離陸《りりく》します。どなたも、シートベルトをお締《し》めください」

機内《きない》アナウンスが流《なが》れると、ぼくは思《おも》わず目《め》をつぶり、ゴクンとつばを飲《の》みこんだ。

「どうした？」

「離陸《りりく》のときは、いつもママたちが手《て》を握《にぎ》ってくれるんだ」

ボスは、ぼくをじっと見上《みあ》げている。

ギュッ
怖《こわ》くなってまた目《め》をつぶったぼくの手《て》に、何《なに》か温《あたた》かいものが重《かさ》なった。

ボスの、小《ちい》さな手《て》だった。

「いや～、今日《きょう》の株価《かぶか》は大荒《おおあ》れだな」

新聞《しんぶん》の株価《かぶか》の欄《らん》から目《め》を離《はな》さずに、ボスがクールな調子《ちょうし》で言《い》う。

ぼくにはもう分《わ》かる。これは、ヤツ独特《どくとく》の照《て》れ隠《かく》しなんだ。

ボスの手《て》のぬくもりは、ぼくにママを思《おも》い出《だ》させた。

「ふう」

ぼくはようやく息《いき》をつくと、今度《こんど》は安心《あんしん》して目《め》をつぶることができた。

ゴ――――

飛行機《ひこうき》は順調《じゅんちょう》にラスベガスにむかっている。

「機長《きちょう》のロスです。ベルト着用《ちゃくよう》のサインは……」

機内《きない》アナウンスが流《なが》れる中《なか》、ぼくはアイマスクをつけて眠《ねむ》ろうとしていた。

「あなたたち、ここで何《なに》してるの？」

突然《とつぜん》、誰《だれ》かがぼくのアイマスクをめくった。

この飛行機《ひこうき》のキャビンアテンダントだった。子《こ》どもがふたりだけでファーストクラスのシートに座《すわ》っているんだから、そりゃ不審《ふしん》だろう。

「ぼくたちはロス機長《きちょう》の子《こ》ども。ここに座《すわ》ってろってパパに言《い》われて……」

「まあ、そうなの！　じゃあ、何《なに》か特別《とくべつ》にお持《も》ちしましょうか？」

機長《きちょう》の子《こ》どもと聞《き》いて、キャビンアテンダントは一気《いっき》にフレンドリーになった。

「なんでもいいの？」

「ええ、なんでも」

それからはもう、最高《さいこう》!!　ぼくたちのシートには、おもちゃやジュース、お菓子《かし》がこれでもかと運《はこ》ばれてきて、ファーストクラスは、パーティー会場《かいじょう》みたいに賑《にぎ》やかになった。

ぼくは早速《さっそく》、得意《とくい》の〝想像《そうぞう》ごっこ〟を始《はじ》めた。ぼくは海賊《かいぞく》。この飛行機《ひこうき》は海賊船《かいぞくせん》。まずは手始《てはじ》めに、キャビンアテンダントにもらった海賊《かいぞく》の人形《にんぎょう》を機内食《きないしょく》のナイフで刺《さ》してみる。

グサッ！

「おい、フランシス！　海賊《かいぞく》ティムの親《おや》を誘拐《ゆうかい》すると、こうなるぞ！」

「ハハハ。現実《げんじつ》もそうだといいよな。なかなかそううまくはいかないが」

「ボスだったらどうする？　レポートで勝《か》てると思《おも》う？」

「あー……無理《むり》かな」

レポート用紙《ようし》に何《なに》かを書《か》きつけていたボスに尋《たず》ねると、ヤツはさっとレポート用紙《ようし》を破《やぶ》って背中《せなか》の後《うし》ろに隠《かく》した。

「そういえば君《きみ》って〝子《こ》ども時代《じだい》〟がなかったんだよね。だったらぼくと一緒《いっしょ》に想像《そうぞう》ごっこしてみない？」

「いやいやいや、やめておくよ」

「楽《たの》しいよ、ほら。役《やく》になりきってみるんだ」

ぼくはヤツのネクタイをほどくと、頭《あたま》に巻《ま》いてあげた。酔《よ》っ払《ぱら》いがよくやるアレだ。

「バカみたいじゃないか」

「いいじゃん！　それじゃ、何《なに》か意地悪《いじわる》なセリフを言《い》ってみて」

「分《わ》かった分《わ》かった。あ〜、ゴホン」

ヤツは咳払《せきばら》いをして、ナイフを手《て》に海賊《かいぞく》の人形《にんぎょう》にむき合《あ》うと、「お前《まえ》、大《たい》した大学《だいがく》、出《で》てないな」と罵《ののし》った。

「……今《いま》ので、どう？」

「いいぞ。続《つづ》けて！」

どうやらこれで少《すこ》し自信《じしん》がついたらしい。

「それでボーナスが欲《ほ》しいだなんて、いい度胸《どきょう》だな、ハッ！」

「ほらほら、それっぽくなってきた！」

ボスがノリノリに役《やく》を演《えん》じ始《はじ》めた。

そこでぼくは、片目《かため》を隠《かく》した海賊《かいぞく》ルックになって、船《ふね》の舳先《へさき》に立《た》つことにした。

ヤツもドクロのマークが入《はい》った帽子《ぼうし》をかぶり、やはり片目《かため》を隠《かく》して、ボタンのたくさんついた服《ふく》を着《き》てる。なかなかサマになってるぞ。

さあ、これで本格的《ほんかくてき》に〝想像《そうぞう》ごっこ〟が始《はじ》められる。まず最初《さいしょ》のセリフは、ボスだ。

「お前《まえ》とこれ以上《いじょう》、話《はな》すことは何《なに》もない。退職者面談《たいしょくしゃめんだん》は終《お》わりだ！」

「ギャー！」

ヤツが剣《けん》を振《ふ》るうと、両手足《りょうてあし》を縛《しば》られて囚《とら》われていた海賊姿《かいぞくすがた》の〝退職者《たいしょくしゃ》〟は、叫《さけ》び声《ごえ》を上《あ》げながら、海《うみ》へと落《お》ちていった。

「いいね。今《いま》の、ばっちりキマってたよ」

「ハッ！　どんなもんだい！　ところで今《いま》の、誰《だれ》だ？」

「船長《せんちょう》だ」
「何《なん》だって？」
バッ！
そのとたん、船長《せんちょう》以外《いがい》の海賊《かいぞく》たちがぼくらの前《まえ》にいっせいに現《あらわ》れた。
――太《ふと》っちょの海賊《かいぞく》
――ヒゲをはやした海賊《かいぞく》
――全身《ぜんしん》ピンク色《いろ》の海賊《かいぞく》
――めちゃめちゃ強《つよ》そうな海賊《かいぞく》
――最後《さいご》に船《ふね》の乗組員《のりくみいん》
「構《かま》えて。ハッ！」
ぼくは敵《てき》の海賊《かいぞく》たちを前《まえ》に剣《けん》を抜《ぬ》き、すぐそばにいたボスの体《からだ》を抱《かか》えて、太《ふと》っちょ海賊《かいぞく》のお腹《なか》に思《おも》いっきりぶつけた。案《あん》の定《じょう》、ボスが構《かま》えた剣《けん》が、太《ふと》っちょ海賊《かいぞく》を直撃《ちょくげき》する。
「うわ――――！」
空《そら》の彼方《かなた》へと飛《と》んでいった太《ふと》っちょ海賊《かいぞく》を見《み》て、仲間《なかま》たちが慌《あわ》てだした。きっと、束《たば》になってかかってくるに違《ちが》いない。

ぼくは、ボスを抱《かか》えて甲板《かんぱん》をすべり、船《ふね》の縁《ふち》におかれた大砲《たいほう》へと飛《と》び乗《の》った。

「イ～ッヒッヒッヒッヒ！」

ヒゲの海賊《かいぞく》が、イヤな笑《わら》い声《ごえ》を立《た》ててむかってくる。

ぼくらが、海《うみ》のほうをむいていた大砲《たいほう》の先《さき》を船《ふね》の内側《うちがわ》にむけると、突進《とっしん》してきたヒゲの海賊《かいぞく》は、そのまま大砲《たいほう》に頭《あたま》を突《つ》っこんだ。

「あわわわー！」

ブチン！

ぼくとボスは、お互《たが》いの剣《けん》を交差《こうさ》させて、大砲《たいほう》の導火線《どうかせん》に火《ひ》をつけた。

「アーッハッハッハ！　……おっ？」

高笑《たかわら》いしているピンク海賊《かいぞく》のすぐ前《まえ》に、ぼくたちが火《ひ》をつけた導火線《どうかせん》がある。

「さあ、火《ひ》を噴《ふ》くぞ！」

海賊《かいぞく》たちに警告《けいこく》すると、ぼくらは帆《ほ》の柱《はしら》から垂《た》れたロープにつかまった。ロープに吊《つ》り上《あ》げられて上《うえ》のほうの帆《ほ》にのぼれば、爆発《ばくはつ》の衝撃《しょうげき》から身《み》を守《まも》れるからだ。

ドカーン！

大砲《たいほう》が発射《はっしゃ》され、海賊《かいぞく》たちはみな、吹《ふ》き飛《と》ばされた。

——やったー！

ぼくらは、予定通《よていどお》り一番上《いちばんうえ》の帆《ほ》へと着地《ちゃくち》した。

だが、そこでは、吹《ふ》き飛《と》ばされたはずの海賊《かいぞく》たちが、なぜか一足先《ひとあしさき》にぼくらを待《ま》ち構《かま》えていた。戦《たたか》いはまだ続《つづ》いているんだ。

「気《き》をつけて」

「あいよ」

ぼくとボスは、背中合《せなかあ》わせになり、それぞれ目《め》の前《まえ》の海賊《かいぞく》と戦《たたか》った。

そして最後《さいご》にヒゲの海賊《かいぞく》が残《のこ》った。

ピョコン！

ボスがぼくの頭《あたま》に飛《と》び乗《の》った。ふたりでヒゲ海賊《かいぞく》を倒《たお》す作戦《さくせん》だ。

「お前《まえ》はクビ。これが解雇手当《かいこてあて》だ。受《う》け取《と》れ！　ハッ！」

そう宣告《せんこく》すると、ボスはぼくの頭《あたま》からひらりと舞《ま》い降《お》り、ヒゲ海賊《かいぞく》に剣《けん》を振《ふ》り下《お》ろした。

「わあ――――――――――――」

ヒゲ海賊《かいぞく》が落下《らっか》していく。

「待《ま》って？　最後《さいご》のセリフが〝ハッ！〟なの？」

「……変《へん》か？」

「海賊《かいぞく》なら、〝うりゃあ〜〟だよ」

「了解《りょうかい》。うりゃあ〜！」

ボスが言《い》い直《なお》すと、ヒゲ海賊《かいぞく》は、もう一度《いちど》、さっきと同《おな》じように落下《らっか》していった。

「さすが！　最高《さいこう》だ！」

「サンキュー。流《なが》れに乗《の》っただけだ」

ボスは、息《いき》を弾《はず》ませながらぼくに応《おう》じた。

どうだ？　ボス。想像《そうぞう》ごっこって楽《たの》しいだろ？

「レディース、アンド、ジェントルメン！　皆《みな》さま、左手《ひだりて》をごらんください。華《はな》やかなラスベガスの街《まち》が見《み》えてまいりました」

機内《きない》アナウンスが流《なが》れた。

海賊船《かいぞくせん》の帆《ほ》をビリビリと破《やぶ》くと、夜空《よぞら》の底《そこ》に、色《いろ》とりどりの灯《あか》りがキラキラと輝《かがや》いているのが見《み》えた。ラスベガスの街全体《まちぜんたい》が、まばゆいばかりの光《ひかり》を放《はな》っていた。

ぼくらはもはや海賊船《かいぞくせん》ではなく、飛行機《ひこうき》の中《なか》にいた。想像《そうぞう》ごっこの時間《じかん》は終《お》わりだ。

「陸《りく》だね」

「いよいよ到着《とうちゃく》だな」

ウィ――――ン。ガチャ
無事《ぶじ》に着陸《ちゃくりく》した飛行機《ひこうき》のドアが開《あ》くと、ぼくとボスは、あいさつに出《で》ていたロス機長《きちょう》に、さりげなく声《こえ》をかけた。

「パパ、ありがとう」

「どうも！ ……えっ？」

飛行機《ひこうき》のドアからは、ぼくたちに続《つづ》いて次《つぎ》から次《つぎ》へとエルヴィスたちが出《で》てきてタラップを降《お》りていった。

「ハートブレイク・ホテルにいく？」

「俺《おれ》はハートブレイク・ホテル」

「俺《おれ》も」

「俺《おれ》も」

「俺《おれ》も」

そして、最後《さいご》に降《お》り立《た》ったエルヴィスは、とりわけ体《からだ》が大《おお》きくて、なんだかほかのエルヴィスたちとは違《ちが》っていた。

「……うおーほほほほほほ」

サングラスを外《はず》したその顔《かお》は……ユージーンだった。

第《だい》五《ご》章《しょう》 ママとパパを救《すく》え！

新《しん》製《せい》品《ひん》、発表《はっぴょう》！

ラスベガスに降《お》り立《た》ったぼくとボスは、「ペット大会《たいかい》」の会場《かいじょう》へと急《いそ》いだ。

ぼくは、ボスを腕《うで》に抱《だ》きかかえて、タクシー乗《の》り場《ば》を探《さが》した。

「タクシーに乗《の》る？」

「もう金《かね》がないから、あれがいい」

お札《さつ》をばらまき過《す》ぎたせいで、ボスのお財布《さいふ》はすっからかんみたいだ。ボスが指《ゆび》さした先《さき》では、キラキラしたドレスに身《み》を包《つつ》んだきれいなお姉《ねえ》さんたちが、楽《たの》しそうに踊《おど》っていた。どうやら結婚《けっこん》する友達《ともだち》の「独身《どくしん》お別《わか》れパーティー」らしい。ぼくはヤツの耳《みみ》に〝作《さく》戦《せん》〟をささやいた。ヤツもすぐに賛成《さんせい》してくれた。

「お姉《ねえ》さんたち」

ぼくはボスを抱《だ》きかかえたまま、お姉《ねえ》さんたちの輪《わ》の中《なか》に入《はい》っていった。

「ウチまでクルマに乗《の》せてってくれない？　ジミーが病気《びょうき》で、薬代《くすりだい》を払《はら》ったら、お金《かね》がなくなっちゃって……」

最後《さいご》のほうは泣《な》きそうな顔《かお》と声《こえ》。ぼくは精《せい》いっぱい、弟思《おとうとおも》いのお兄《にい》ちゃんを演《えん》じた。

「…ご、ごほっ！」

ちょうどいいタイミングでボスが咳《せき》をした。おくるみにくるまれ、赤《あか》ちゃん帽《ぼう》をかぶったボスは、目《め》を半分閉《はんぶんと》じかけて、いかにも具合《ぐあい》が悪《わる》そう。熱演《ねつえん》だ！

「まあ大変《たいへん》」

「おうちはどこなの？」

「コ、コンベンション・センターなの」

ぼくは鼻水《はなみず》をすすりあげながら答《こた》えた。

ブウ―――ン
お姉《ねえ》さんたちの貸《か》し切《き》りリムジンに乗《の》せてもらうと、あっという間《ま》にコンベンション・センターに着《つ》いた。

「じゃあね、ボク」

「パーティ、楽《たの》しんでね。ありがとう！」

「女《おんな》は赤《あか》ん坊《ぼう》に弱《よわ》い」

お姉《ねえ》さんたちと別《わか》れると、ボス・ベイビーはとたんに赤《あか》ちゃんのフリをやめて、ぼそりと本音《ほんね》をつぶやいた。


コンベンション・センターのドアが開《あ》くと、中《なか》は別世界《べっせかい》だった。ピカピカときらめくネオン、賑《にぎ》やかな音楽《おんがく》、ギャンブルを楽《たの》しむたくさんのオシャレな大人《おとな》たち。

「どうやってママとパパを見《み》つけよう？」

「ティム、案内板《あんないばん》を見《み》よう」

ぼくらは、フロア案内図《あんないず》で、ママとパパが居《い》る場所《ばしょ》を探《さが》すことにした。

「『ペット大会《たいかい》』の会場《かいじょう》はどこだ？　えっと……。あったぞ！　見《み》つけた」

ぼくが、案内板《あんないばん》の上《うえ》のほうにあるワンワン社《しゃ》のイベント会場《かいじょう》を先《さき》に見《み》つけて振《ふ》り返《かえ》ると、

「グオ〜〜〜〜」

唸《うな》り声《ごえ》が聞《き》こえた。透明《とうめい》なオブジェのむこう側《がわ》に、悪徳《あくとく》ベビーシッター、ユージーンの姿《すがた》がある。やれやれ、やっぱりきちゃったか。

うんざりして足元《あしもと》を見《み》ると、ボスがいない！

「うきゃきゃきゃ」

赤《あか》ん坊《ぼう》の笑《わら》い声《ごえ》がする。ヤツが「いないいないばあ」の大《おお》きな遊具《ゆうぐ》の前《まえ》に座《すわ》りこんで、機《き》械《かい》が動《うご》くたびに大爆笑《だいばくしょう》していた。

「また赤《あか》ちゃん返《がえ》りかよ！　頼《たの》むよ、しっかりしてくれ！」

ぼくは急《いそ》いでヤツを抱《だ》き上《あ》げると、そのまま走《はし》った。ユージーンに追《お》いつかれる前《まえ》に会《かい》場《じょう》に着《つ》かなきゃ。

「……ハッ。戻《もど》ったぞ」

ヤツが正気《しょうき》に返《かえ》っても、ぼくは走《はし》り続《つづ》けた。

「グオ〜〜〜〜」

「なんであいつがいるんだ？」

ユージーンがぼくらを探《さが》す声《こえ》が聞《き》こえると、ボスが叫《さけ》んだ。でも説明《せつめい》している時間《じかん》はない。ぼくは走《はし》った。

会場《かいじょう》に入《はい》ると、中《なか》は熱気《ねっき》に包《つつ》まれていた。

「わが社《しゃ》は新《あたら》しい子犬《こいぬ》を発売《はつばい》します。すべての大陸《たいりく》、すべての国《くに》で！」

フランシスが壇上《だんじょう》でマイク片手《かたて》に興奮気味《こうふんぎみ》にしゃべっている。

「見《み》る人《ひと》すべてをとりこにする子犬《こいぬ》で、我々《われわれ》は世界《せかい》を制《せい》します」

歓声《かんせい》を上《あ》げる人々《ひとびと》の間《あいだ》をぬって、ぼくらは舞台《ぶたい》に近《ちか》づき、ママとパパを探《さが》した。どこからかまたユージーンの唸《うな》り声《ごえ》が聞《き》こえた気《き》がした。

「ティム、あそこだ！」

「ママ！　パパ！」

壇上《だんじょう》のフランシスのすぐ後《うし》ろに、ママとパパがいた。ハートの形《かたち》をした大《おお》きな箱《はこ》の扉《とびら》をふたりで開《あ》けようとしている。

「すみません。通《とお》してください」

ぼくらは舞台《ぶたい》へと急《いそ》いだ。ボスが再《ふたた》び赤《あか》ちゃん返《がえ》りしたときに備《そな》えて、ぼくは前《まえ》むきに抱《かか》えたリュックのポケットにボスを入《い》れていた。即席《そくせき》の抱《だ》っこ紐《ひも》だ。

「大《おお》きくならない子犬《こいぬ》を想像《そうぞう》してください。永遠《えいえん》にかわいい子犬《こいぬ》の姿《すがた》のまま。一生涯《いっしょうがい》、愛《あい》し続《つづ》けられるペット。それが、〝フォーエバー・子《こ》ワンコ〟！」

開《あ》けられた扉《とびら》からワゴンが現《あらわ》れ、ワゴンの上《うえ》におかれた金色《きんいろ》に輝《かがや》く杯《さかずき》の中《なか》から、小《ちい》さな子犬《こいぬ》が顔《かお》を出《だ》した。

「ワン！」

「ワ〜！」「キャー！」

小《ちい》さな声《こえ》でなき、白《しろ》くてモフモフしたしっぽを振《ふ》る子犬《こいぬ》に、人々《ひとびと》は一瞬《いっしゅん》でメロメロになった。誰《だれ》もが舞台《ぶたい》へと駆《か》け出《だ》していく。抱《だ》いていた赤《あか》ちゃんを上《うえ》の子《こ》に手渡《てわた》して舞台《ぶたい》へ走《はし》る母親《ははおや》もいた。これじゃフランシスの思《おも》うつぼだ。

「ああ〜♥」

ユージーンもまた、フォーエバー・子《こ》ワンコの魅力《みりょく》にメロメロになってその場《ば》に立《た》ちつくしていた。

「ユージーン、お前《まえ》、ここで何《なに》をしているんだ？　あ、お前《まえ》らも！　ここで何《なに》をしている？」

フランシスが、まずユージーンに気《き》づき、次《つぎ》にぼくらに気《き》づく。

ぼくはここぞとばかりに、舞台《ぶたい》の上《うえ》のママとパパに呼《よ》びかけた。

「ママ！　パパ！」

「ティムと赤《あか》ちゃんじゃないか。ここで何《なに》をしているんだ？」

「あっはは。まったく、何《なに》をしてるんでしょうね、ホントに」

事態《じたい》が呑《の》みこめないパパと、ただただ驚《おどろ》くママ。

笑《わら》ってごまかそうとするフランシスに、「いったい何《なに》が起《お》きているんです？」と、さらにパパが詰《つ》め寄《よ》ると、
ボカッ！

フランシスはパパに思《おも》いっきりパンチを食《く》らわせて、ふたりを強引《ごういん》にハート形《がた》の箱《はこ》に押《お》しこめ、扉《とびら》を勢《いきお》いよく閉《し》めて鍵《かぎ》をかけた。

「大変《たいへん》だ、ママたちが捕《つか》まった！」

「フォーエバー・子《こ》ワンコ、ゲットしてね☆」

ママとパパを助《たす》けようとぼくらが駆《か》け出《だ》すと、フランシスは、会場《かいじょう》にいる客《きゃく》たちにむけ

ているように見《み》せかけながら、ユージーンにぼくらを捕《つか》まえろと命令《めいれい》した。

ぼくらは、ママとパパが閉《と》じこめられた箱《はこ》を追《お》って舞台《ぶたい》にむかった。でも、人《ひと》が多過《おおす》ぎて、思《おも》うように前《まえ》に進《すす》めない。

「ティム、ステージの裏《うら》に回《まわ》ろう」

「うん。あそこから出《で》られそうだよ」

ぼくらは、会場《かいじょう》の横手《よこて》にあるハムスターケージ型《がた》の大《おお》きな遊具《ゆうぐ》を通《とお》ってステージ裏《うら》に出《で》ることにした。

すると突然《とつぜん》、目《め》の前《まえ》にユージーンが現《あらわ》れた。

「ウガー！」

「わあー」

「走《はし》れ！」

ぼくらは、ユージーンの股《また》の間《あいだ》をくぐり抜《ぬ》けて大《おお》きな遊具《ゆうぐ》へと一目散《いちもくさん》に走《はし》った。

「早《はや》くのぼれ！」

「うん」

「右《みぎ》、左《ひだり》、右《みぎ》、左《ひだり》、右《みぎ》、左《ひだり》」

ぼくらは、ボスの掛《か》け声《ごえ》に合《あ》わせて、まるで本物《ほんもの》のハムスターのように、遊具《ゆうぐ》のチューブをのぼった。細《ほそ》いチューブの中《なか》で体《からだ》を動《うご》かすのは、大人《おとな》には難《むずか》しいみたいで、ユージーンはだいぶ苦労《くろう》している。ざまあみろ。

チューブをのぼりきって出口《でぐち》から顔《かお》を出《だ》すと、会場裏《かいじょううら》の広《ひろ》いスペースの全体《ぜんたい》を見渡《みわた》すことができた。

「う、うわ〜！」

「スゲエ！　マジでウンチもれそう！」

そこはロケットの打《う》ち上《あ》げ台《だい》になっていた。

まず、ロケット。それから、スーパーミルクのプール。

そのプールに浸《つ》けられ、出荷《しゅっか》のためにロケットに運《はこ》ばれるフォーエバー・子《こ》ワンコたち。

ガタン！

打《う》ち上《あ》げ台《だい》の下《した》に、フランシスがやってくるのが見《み》えた。ママとパパを閉《と》じこめたハート形《がた》の箱《はこ》を、ロケットの下《した》に転《ころ》がしている。

「ママたちがロケットの下《した》に！　助《たす》けにいかなきゃ！」

「ウガー！」

一刻《いっこく》を争《あらそ》うというこのときに、ユージーンがまた、すぐそばまで迫《せま》ってきていた。

チューブに入《はい》ったままむかってきたユージーンを、ぼくらがちょんとついてチューブのまま回転《かいてん》させると、ユージーンは、あっけなくチューブから投《な》げ出《だ》されて落下《らっか》した。落《お》ちたのは、「子猫《こねこ》のコーナー」。猫用《ねこよう》の砂場《すなば》に胸《むね》まで埋《う》まってしまっている。

ニャー！　ニャー！　ニャー！　ニャー！　ニャー！

子猫《こねこ》たちがいっせいにユージーンに飛《と》びかかった。これでしばらくは襲《おそ》ってこないだろう。

「ママ、パパ、今《いま》、助《たす》けるからね」

ぼくはボスを抱《だ》っこしてロケットへと急《いそ》いだ。

「ウオー！」

あともう少《すこ》しで打《う》ち上《あ》げ台《だい》というそのとき、今度《こんど》は目《め》の前《まえ》にフランシスが現《あらわ》れた。ドン！　と杖《つえ》で床《ゆか》を叩《たた》いて大《おお》きな音《おと》を立《た》てると、ぼくたちに見《み》せびらかすかのように、打《う》ち上《あ》げ装置《そうち》のスイッチを入《い》れる。

「打《う》ち上《あ》げ準備開始《じゅんびかいし》」

打《う》ち上《あ》げ装置《そうち》のアナウンスが始《はじ》まった。打《う》ち上《あ》げまであと1分《ぷん》59秒《びょう》！

「フォーエバー・子《こ》ワンコは必《かなら》ず発売《はつばい》する。お前《まえ》たちに邪魔《じゃま》はさせない！」

フランシスはそう言《い》うと、打《う》ち上《あ》げ装置《そうち》のスイッチの鍵《かぎ》を放《ほう》り投《な》げた。

カンッ　カンッ　カンッ　カンッ　カンッ　カンッ！

鍵《かぎ》は、階段《かいだん》の手《て》すりにぶつかって音《おと》を立《た》てながら、下《した》へ下《した》へと落《お》ちていく。とても2分《ふん》足《た》らずの間《あいだ》に取《と》りにいって戻《もど》ってこられる距離《きょり》ではなさそうだ。

「これは、私《わたし》から愛《あい》を奪《うば》ったベイビー社《しゃ》への復讐《ふくしゅう》だ。だから今度《こんど》は愛《あい》を奪《うば》い返《かえ》してやる。構《かま》われなくなったさびしさ……ティム、お前《まえ》も同《おな》じ目《め》に遭《あ》ってるから分《わ》かるだろ？」

「違《ちが》う！　ぼくはお前《まえ》とは違《ちが》う！」

「生意気《なまいき》な！」

「俺《おれ》たちの親《おや》を、いや、ティムの親《おや》を返《かえ》せ！」

「そうだ、返《かえ》せ！」

「両親《りょうしん》の愛情《あいじょう》をまた独《ひと》り占《じ》めできるチャンスだったのに。台無《だいな》しにするなんて、お前《まえ》、馬《ば》鹿《か》だな。ボス・ベイビーの言《い》いなりになるとは！」

カンッ！

フランシスが、杖《つえ》でぼくたちのゆく手《て》を阻《はば》んだ。

「ティムよ、ボスの言《い》いなりなんだな！」

「よしてくれ。ティムは部下《ぶか》じゃない」

「そうだ。ぼくはボスのパートナーだ。ハッ！」

ぼくはフランシスのわきをくすぐる作戦《さくせん》に出《で》た。

コチョコチョコチョコチョ

「くすぐってもムダだ。私《わたし》には通用《つうよう》しない」

——しめしめ。まんまと罠《わな》にかかったぞ。本当《ほんとう》の作戦《さくせん》はこれからだ。

ぼくはフランシスから手《て》を離《はな》してニヤリと笑《わら》った。

「え？　ベイビーは？」

「誰《だれ》にでも弱点《じゃくてん》はある」

リュックの中《なか》にボスがいないことにフランシスが気《き》づいたその瞬間《しゅんかん》、ボスが背後《はいご》から現《あらわ》れ、フランシスの耳《みみ》をくすぐり始《はじ》めた。

「うひゃひゃひゃ、耳《みみ》だけは……やめてくれぇ〜。うひゃひゃ」

フランシスが崩《くず》れ落《お》ちたのをチャンスとばかりに、ぼくらは、ママとパパのもとへとむかった。足《あし》がすくみそうに高《たか》い通路《つうろ》を猛《もう》ダッシュだ。

「クソガキめ！」

ヒュンッ！

フランシスが投《な》げた杖《つえ》が足元《あしもと》に転《ころ》がり、ぼくはつまずいて転《ころ》んだ。ボスがリュックからこぼれ出《で》て、通路《つうろ》を転《ころ》がる。まずい！　このままだと下《した》に落《お》ちてしまう！

バシッ！

ぼくは右手《みぎて》でヤツの手《て》をつかみ、左手《ひだりて》で通路《つうろ》の縁《ふち》をつかんで宙《ちゅう》づりになった。左手《ひだりて》を離《はな》したら、ふたりとも地面《じめん》に真《ま》っ逆《さか》さまだ。

「ハッハッハッハ。誰《だれ》にも私《わたし》の邪魔《じゃま》はさせん。お前《まえ》たちにも、ほかの誰《だれ》にもだ。ベイビー社《しゃ》はこれで終《お》わり。私《わたし》の勝《か》ちだ。ハッ！」

フランシスが、ぶら下《さ》がっているぼくの目《め》の前《まえ》に杖《つえ》をチラチラと揺《ゆ》らして、ぼくらにとどめを刺《さ》そうとしたそのとき。

「違《ちが》う！　最後《さいご》のセリフは〝ハッ〟じゃない」

そう叫《さけ》んでボスが内《うち》ポケットに手《て》を入《い》れて取《と》り出《だ》したのは、
キラーン！

海賊《かいぞく》の剣《けん》だった。分《わ》かったよボス。今《いま》から〝想像《そうぞう》ごっこ〟の時間《じかん》なんだな？

「そのとおり！」

ぼくが、ボスをぶら下《さ》げている腕《うで》を大《おお》きく振《ふ》ると、ボスは、その勢《いきお》いを利用《りよう》してジャンプ。僕《ぼく》の頭《あたま》の上《うえ》に飛《と》び乗《の》った。

ぼくらは海賊《かいぞく》となって、フランシスに立《た》ちむかった。

「最後《さいご》のセリフは、やっぱりこうじゃなくちゃ！　うりゃあ〜〜〜〜〜！」

「うりゃあ〜〜〜〜〜！」

ぼくらはいっせいに雄叫《おたけ》びを上《あ》げた。

「フランシス、構《かま》えろ」

「よせ！　あっ！」

キン！　キン！　キン！

ボスの剣《けん》とフランシスの杖《つえ》がぶつかり合《あ》う。

「お前《まえ》はクビだ」

「受《う》け取《と》れ、これが解雇手当《かいこてあて》だ！」

「待《ま》ってくれ」

ボスの剣《けん》が、フランシスのネクタイを絡《から》めとる。剣《けん》を振《ふ》り上《あ》げると、フランシスの体《からだ》が宙《ちゅう》に浮《う》いた。

ドカッ！

その体《からだ》をぼくが下《した》から蹴《け》り上《あ》げる。

「わあ――――――――――」

ドボンッ！

フランシスが落《お》ちたのは、子《こ》ワンコたちが浸《つ》かっていたスーパーミルクのプールだった。

あっという間《ま》に体《からだ》が沈《しず》んで見《み》えなくなる。

「ざまあみろ！　悪党《あくとう》め」

「うりゃあ〜！」

「うりゃあ〜！」


「発射《はっしゃ》1分前《ぷんまえ》」


ガッツポーズを決《き》めていたぼくの耳《みみ》に、打《う》ち上《あ》げ装置《そうち》のアナウンスが聞《き》こえてきた。

――ヤバい！　早《はや》く止《と》めないと！

ぼくはボスを抱《かか》えて走《はし》り出《だ》した。

56秒《びょう》……

55秒《びょう》……

残《のこ》り時間《じかん》がどんどん少《すく》なくなっていく。

「助《たす》けて！」

「誰《だれ》か！」

ママとパパの声《こえ》が聞《き》こえてくる。

ぼくは、通路《つうろ》の曲《ま》がり角《かど》を曲《ま》がらずにまっすぐ走《はし》り続《つづ》けた。その先《さき》にフォーエバー・子《こ》ワンコが2匹《ひき》、製造機《せいぞうき》のコンベアでまわっているのが見《み》えたからだ。背中《せなか》に赤《あか》い何《なに》かを背《せ》負《お》っている。

「ティム、何《なに》をする気《き》だ――？」

ぼくは2匹《ひき》のフォーエバー・子《こ》ワンコをさっと抱《だ》きかかえて飛《と》び降《お》りた。

バッ！　バッ！

思《おも》った通《とお》り、フォーエバー・子《こ》ワンコの背中《せなか》にはパラシュートがついていて、落下中《らっかちゅう》に見事《みごと》に開《ひら》いてくれた。そのおかげで、ぼくらは無事《ぶじ》に、ママとパパが閉《と》じこめられている箱《はこ》のそばに降《お》り立《た》つことに成功《せいこう》！　ボスは、子《こ》ワンコたちにぺろぺろぺろぺろ舐《な》められて大変《たいへん》だったみたいだけど……。

「ティム？」

「ティムか？」

箱《はこ》の中《なか》からママとパパが助《たす》けを求《もと》めている。

「ママ！　パパ！　すぐにいくよ」

「ティム、お前《まえ》は大丈夫《だいじょうぶ》か？」

「赤《あか》ちゃんも無事《ぶじ》なの？」

「赤《あか》ん坊《ぼう》も無事《ぶじ》だ」

箱《はこ》の中《なか》からママに聞《き》かれて、うっかりボスが大人《おとな》の声《こえ》で答《こた》えてしまう。

「今《いま》の誰《だれ》なの？」

「あっ……ぼくだよ。お、おっほん。赤《あか》ん坊《ぼう》も無事《ぶじ》だ」

ぼくは精《せい》いっぱいボスっぽく言《い》ってみせた。これでさっきの声《こえ》もぼくだったと思《おも》ってもらえるだろう。

それからぼくらは、必死《ひっし》で箱《はこ》を動《うご》かそうとしたり、かかっている鍵《かぎ》を外《はず》そうとしたりと奮闘《ふんとう》した。

けど、箱《はこ》も鍵《かぎ》もびくともしやしない。

「どうしたの？」

ママが聞《き》く。すぐに開《あ》けてもらえると期待《きたい》していたんだろう。

ぼくは、フォーエバー・子《こ》ワンコたちがぎっしり詰《つ》めこまれているロケットを見上《みあ》げた。

緊急避難用《きんきゅうひなんよう》ドアのレバーのところに「引《ひ》いて開《あ》ける」と表示《ひょうじ》がある。

「なんなの？」

またママが聞《き》いてくる。

「ちょっときて」

ぼくはママたちに聞《き》こえないように、少《すこ》し離《はな》れたところにボスを連《つ》れていった。

「ぼくに考《かんが》えがある」

「どんな考《かんが》えだ？」

「子犬《こいぬ》を利用《りよう》しよう」

ボスは、すぐにぼくの案《あん》を理解《りかい》し、支持《しじ》してくれた。

「分《わ》かった。〝たかいたかい〟してくれ」

「でも……途中《とちゅう》でまた赤《あか》ちゃんに戻《もど》ったらどうする？」

「心配《しんぱい》ない。ちんぱい……ない！」

後半《こうはん》、明《あき》らかに赤《あか》ちゃん返《がえ》りしていたヤツは、ぱちぱちと叩《たた》いていた手《て》を最後《さいご》にパチンとなりして、力強《ちからづよ》く断言《だんげん》した。

「オムツしっかりつかんでて！」

ぼくはそう言《い》って、ヤツの体《からだ》を思《おも》いっきりロケットにむかって放《ほう》り投《な》げた。

ガシッ！　ビタン‼

ボスは、上手《うま》い具合《ぐあい》にロケットのガラス窓《まど》に張《は》りついた。中《なか》の子犬《こいぬ》たちが、ガラス越《ご》しにヤツをぺろぺろ舐《な》め始《はじ》めるが、構《かま》わずにガラス伝《づた》いによじ登《のぼ》ると、力《ちから》いっぱいレバーを手前《てまえ》に引《ひ》いた。

ドバ―――――！

詰《つ》めこまれていたフォーエバー・子《こ》ワンコたちがいっせいにあふれ出《で》てくる。

「ホッホーウ！　うまくいった」

子犬《こいぬ》たちはまるで川《かわ》のように、ロケットから流《なが》れ出《だ》し、ママたちが閉《と》じこめられている箱《はこ》を、いとも簡単《かんたん》に押《お》し流《なが》した。

「動《うご》いているわ！」

「なぜ動《うご》くんだ？」

箱《はこ》の中《なか》のママたちが驚《おどろ》いている。

「ママ、パパ、しっかりつかまってて」

ワンワンワンワンワンワンワンワン
ワンワンワンワンワンワンワンワン
数《かぞ》えきれないほどのフォーエバー・子《こ》ワンコたちの波《なみ》が箱《はこ》を運《はこ》ぶ。みるみるロケットから離《はな》れていく箱《はこ》。これでもうママとパパは大丈夫《だいじょうぶ》だ。

ホッと一息《ひといき》ついた、そのとき。

「発射《はっしゃ》まで30秒《びょう》」

アナウンスが響《ひび》いた。

ロケットにはまだボスが残《のこ》っていた。開《あ》けっ放《ぱな》しになった緊急避難用《きんきゅうひなんよう》のドアにしがみついている。

「まずい、待《ま》って！」

ぼくは、箱《はこ》から降《お》りると、フォーエバー・子《こ》ワンコたちの流《なが》れに逆《さか》らってロケットへとむかった。ボスは、自力《じりき》でドアによじ登《のぼ》って座《すわ》っていた。

「お前《まえ》はママとパパを助《たす》け……出《だ》せ……。うきゃ〜〜〜」

ボスの声《こえ》は、急《きゅう》に途《と》切《ぎ》れ途《と》切《ぎ》れになったかと思《おも》うと、やがて赤《あか》ちゃんモードになってしまった！

「今《いま》、いく！」

ぼくはボスにむかって両手《りょうて》を差《さ》し出《だ》した。

「飛《と》び降《お》りて」

「ビエ〜ン」

「早《はや》く。簡単《かんたん》だから。ね」

「うっきゃ〜」

「違《ちが》うよ。飛《と》び降《お》りるんだ！」

「ウエ〜ン」

「ごめんよ。頼《たの》むから泣《な》かないで」

「ウエ〜ン。ウエ〜ン」

「20秒前《びょうまえ》」

ブォー！

ロケットが発射準備《はっしゃじゅんび》を始《はじ》めた。あたりに蒸気《じょうき》が充満《じゅうまん》し始《はじ》め、視界《しかい》も曇《くも》ってきた。

「あと15秒《びょう》」

「アーーン！　アーーーーン！」

ボスがギャン泣《な》きを始《はじ》めた。

ぼくは決意《けつい》した。唄《うた》おう。とっておきのあの歌《うた》を。


♪♪♪♪〜♪

♪♪♪♪〜♪

♪♪♪♪〜♪


——いつもパパとママが唄《うた》ってくれるあの歌《うた》を、今度《こんど》はぼくが唄《うた》う番《ばん》。

——今《いま》は、ヤツを安心《あんしん》させ、勇気《ゆうき》づけるために。

——ヤツが、空《そら》に羽《は》ばたいていきたくなるように。

ぼくがワンフレーズ唄《うた》うと、ヤツは泣《な》き声《ごえ》を上《あ》げながらも、顔《かお》をあげてぼくを見《み》た。
次《つぎ》のフレーズを唄《うた》うと、泣《な》きやんだ。
次《つぎ》のフレーズで、瞳《ひとみ》をキラキラと輝《かがや》かせながら、ぼくのほうへと進《すす》んできた。
ぼくは、大《おお》きく手《て》を広《ひろ》げて「おいで」という気持《きも》ちをこめながら唄《うた》い続《つづ》けた。
そしてついに、ヤツがぼくの腕《うで》の中《なか》に飛《と》びこんできた。
ガシッ！
「よし。捕《つか》まえた！」
ぼくはボスを抱《だ》きかかえたまま走《はし》り出《だ》した。
「3……2……1……発射《はっしゃ》！」
ゴォ――――――――――――――――――――――！
ロケットの噴射口《ふんしゃこう》から炎《ほのお》が噴《ふ》き出《だ》す。
炎《ほのお》は、柱《はしら》の陰《かげ》に隠《かく》れたぼくとボスにも、容赦《ようしゃ》なく熱気《ねっき》を運《はこ》んできた。
ぼくはさらにヤツをギュッと抱《だ》きしめ、爆発《ばくはつ》の衝撃《しょうげき》から守《まも》ろうとして……。
ゴォ――――――――――――――――――――――！

爆音《ばくおん》が少《すこ》しずつ小《ちい》さくなる。ロケットが宇宙《うちゅう》に飛《と》び出《だ》していったんだ。

「やった！」

ぼくは、ボスの無事《ぶじ》を確《たし》かめると、ガッツポーズを決《き》めた。

「ウェ～ン。ウェ～ン」

「まだ赤《あか》ちゃんモードのまま？　もうもとには戻《もど》れないの？」

「アァン、アァン」

ぼくが尋《たず》ねると、ヤツは甘《あま》え声《ごえ》を出《だ》した。その視線《しせん》の先《さき》には……そうか！　分《わ》かったぞ！

ぼくはスーパーミルクのプールにヤツを連《つ》れていった。

ポタ……ポタ……。

プールの縁《ふち》から滴《したた》り落《お》ちるスーパーミルクが、1滴《てき》、ヤツの口《くち》に入《はい》ると……。

「うわっ！　どうなった!?　勝《か》ったのか？」

いきなり、大人《おとな》のボスに戻《もど》った。

「そう。ぼくたち勝《か》ったんだよ」

「勝《か》ったか！」

「勝《か》ったよ！」

「勝《か》ったか！」

「勝《か》った勝《か》った勝《か》った勝《か》った勝《か》った〜！」

「やった！　グ〜」

ヤツはいきなりいびきをかくと、すぐにブルっと目覚《めざ》めて、

「勝利《しょうり》の仮眠《かみん》だ。ワ〜〜〜オ！」

さらにはしゃいだ。

「うおおおお。よくもやったな」

スーパーミルクのプールから声《こえ》がした。さっきプールに落《お》ちたフランシスだった。スーパーミルクに浸《つ》かったせいで、すっかり赤《あか》ちゃんに戻《もど》っている。服《ふく》もオムツ一丁《いっちょう》だ。

赤《あか》ちゃんフランシスは、

「こんなのずるい！　こんなのずるい！　こんなのずるい！」

と連呼《れんこ》しながらプールの縁《ふち》によじ登《のぼ》ると、

ズルッ！

足《あし》をすべらせて床《ゆか》に落《お》ちた。それでもまだ手足《てあし》をバタバタと動《うご》かして駄々《だだ》をこねている。そしてやっとのことで立《た》ち上《あ》がると、オムツのゴムをパチンと弾《はじ》いてボスに宣戦布告《せんせんふこく》した。

「ただで済《す》むと思《おも》うなよ！」

「よし。同《おな》じサイズ同士《どうし》で勝負《しょうぶ》だ」

ボスが、腕《うで》まくりをしながら応《おう》じる。

「うおおおお――――！」

「うりゃあ――――――！」

そのとき、フランシスの体《からだ》がふわりと浮《う》き上《あ》がった。見《み》ると、エルヴィスの扮装《ふんそう》のままのユージーンが、フランシスを片手《かたて》で軽々《かるがる》と持《も》ち上《あ》げている。

「ユージーン、下《お》ろせ。私《わたし》はボスだぞ！」

手足《てあし》をばたつかせながらフランシスが命《めい》じても、ユージーンは、構《かま》わずその口《くち》におしゃぶりを突《つ》っこむ。そして、まるで赤《あか》ちゃんにするようにフランシスを優《やさ》しくあやし、やわらかく抱《だ》っこして静《しず》かに揺《ゆ》すった。すると、フランシスは、あっという間《ま》にすやすやと寝《ね》息《いき》を立《た》て始《はじ》めた。

ぼくらが驚《おどろ》いていると、ユージーンは、

「おっほん。今度《こんど》はちゃんと育《そだ》てるよ」

そう言《い》って、腰《こし》を振《ふ》り、鼻歌《はなうた》を唄《うた》いながら、去《さ》っていった。

「そうか。それなら、今度《こんど》は問題《もんだい》ないだろう」

なるほど。ユージーンの正体《しょうたい》は、フランシスの優《やさ》しい優《やさ》しいお兄《にい》ちゃんだったんだな。


「どうなってるの？」

ママの声《こえ》がした。ぼくたちは慌《あわ》てて箱《はこ》を開《あ》けにいった。ボスが、鍵穴《かぎあな》に指《ゆび》を突《つ》っこみ、鍵《かぎ》を開《あ》ける。

ガタガタッ
しびれを切《き》らしたママとパパが箱《はこ》のふたを持《も》ち上《あ》げて、ようやく出《で》てきた。

「ティム！」

「ティム、大丈夫《だいじょうぶ》なの？」

「うん、赤《あか》ちゃんも大丈夫《だいじょうぶ》だよ」

パパがボスを抱《だ》き上《あ》げ、ママはぼくをハグした。

「ティムは命《いのち》の恩人《おんじん》だ」

「ありがとう、弟《おとうと》も守《まも》ってくれて。ティムはヒーローだわ」

「それに、立派《りっぱ》なお兄《にい》ちゃんだ」

「2人《ふたり》とも愛《あい》してるわ」

「2人《ふたり》とも？」

「ええ。心《こころ》の底《そこ》から愛《あい》してる」

ボスがぼくを見《み》る。今《いま》まで見《み》たことがないようなまっすぐなキラキラした目《め》で。

「さあ、うちに帰《かえ》ろう」

第六章《だいろくしょう》　さよならボス・ベイビー

望《のぞ》んでいた結果《けっか》のはずなのに

そして、とうとう〝その日《ひ》〟がやってきた。

「どうだ、俺《おれ》？」

「キマってる」

スーツに身《み》を包《つつ》んだボス。右手《みぎて》に書類《しょるい》カバン。この家《いえ》にきたときの格好《かっこう》だ。

玄関《げんかん》のドアを開《あ》けると、外《そと》には、ステイシー、三《み》つ子《ご》、ジンボが並《なら》んで待《ま》っていた。

「みんな、よくやった」

ボスは、部下《ぶか》たちを労《ねぎら》った。

「ステイシー、推薦状《すいせんじょう》だ。これで希望《きぼう》する学校《がっこう》に進《すす》める」

「幼稚園《ようちえん》に？」

「そのとおりだ。ほかにも何《なに》かあれば」

「お給料《きゅうりょう》は上《あ》がらないの？」

「もともともらってないだろ」

「100億兆万《おくちょうまん》ドル！」

ステイシーがありえない単位《たんい》の額《がく》を言《い》う。

「ロリポップでどうだ？」

「それでいいわ」

交渉《こうしょう》がまとまり、2人《ふたり》はがっちりと握手《あくしゅ》をした。ボスは、その手《て》にさりげなくロリポップを手渡《てわた》した。

「ボスとしちゃ文句《もんく》なし♥」

ボスは、今度《こんど》は三《み》つ子《ご》にむき直《なお》った。

「なんでもかんでも会社《かいしゃ》の言《い》うとおりにはならないで、自分《じぶん》の頭《あたま》で考《かんが》えろよ」

「もちろん！」「当然《とうぜん》！」「それが当《あ》たり前《まえ》です！」

「よし、その心意気《こころいき》だ」

「ボスの言《い》うとおり！」「おっしゃるとおりです！」「さすが！」

結局《けっきょく》は言《い》いなりになっている三《み》つ子《ご》たち。ヤツが「やれやれ」という顔《かお》でぼくを見《み》る。

次《つぎ》はジンボだ。

「これはお前《まえ》に。よくやったな」

「うう……うう……」

大《おお》きなクッキーを受《う》け取《と》ったジンボは、感激《かんげき》のあまりクッキーを口《くち》にくわえながらぽろぽろと大粒《おおつぶ》の涙《なみだ》を流《なが》した。

「ハグしたいって顔《かお》だな」

許《ゆる》しをえたと思《おも》ったジンボは、ボスの体《からだ》を軽々《かるがる》と抱《だ》き上《あ》げるとひょいと肩《かた》に担《かつ》いでギューッと抱《だ》きしめた。

「お、俺《おれ》もさびしいよ。……だからもう、下《お》ろしてくれる？」

ヤツを下《お》ろしてからも、ジンボはまだクッキーをくわえたまま泣《な》いている。

「もういこう」

なかなか泣《な》きやまないジンボに、三《み》つ子《ご》とステイシーが声《こえ》をかけた。

5人《にん》が遠《とお》ざかっていく。

「君《きみ》、立派《りっぱ》に任務《にんむ》をやり遂《と》げたね」

「俺一人《おれひとり》じゃない。ふたりでやったんだ」

「それから、昇進《しょうしん》おめでとう。念願《ねんがん》の角部屋《かどべや》のオフィスがもらえるんだろ？　専用《せんよう》のおまるつきで」

「お前《まえ》だって、またママたちを独《ひと》り占《じ》めできるじゃないか」

確《たし》かにそうだった。少《すく》なくともあのときは、そうなることを望《のぞ》んでいた。

「……でもさ、君《きみ》がいなくなったら、ママとパパにどう言《い》えばいいの？」

「それについては心配《しんぱい》ない。ベイビー社《しゃ》には、こういうときの対処法《たいしょほう》があって、最初《さいしょ》から俺《おれ》は……いなかったことになるんだ」

ボスが、ちょっと言《い》い淀《よど》んでからそう言《い》うのを聞《き》いて、ぼくはなんて答《こた》えたらいいか分《わ》からなくなった。

「あ、そうだ」

ボスが書類《しょるい》カバンを開《ひら》いて、ぬいぐるみを取《と》り出《だ》した。

「メーメー！　直《なお》してくれたの？」

「新品同様《しんぴんどうよう》だ。見事《みごと》な復活《ふっかつ》だろ？」

「お互《たが》いに望《のぞ》みは叶《かな》ったわけだね」

「ビジネスの世界《せかい》で言《い》う〝ウィン・ウィン〟だな」

ボスが握手《あくしゅ》のために右手《みぎて》を差《さ》し出《だ》した。いつか取引《とりひき》が成立《せいりつ》したときと同《おな》じように、ヤツのグーをぼくのパーで包《つつ》んで握手《あくしゅ》をするうちに、ぼくは泣《な》きたくなってきた。ヤツの目《め》も潤《うる》んでいる。

お互《たが》いに満足《まんぞく》な結果《けっか》になったはずなのに、心《こころ》から喜《よろこ》べないのはなぜなんだろう？　こんなに切《せつ》なくて、こんなにさびしいのはなぜなんだろう？

プップー
ヤツを待《ま》っているタクシーがしびれを切《き》らしてクラクションをならした。

「そろそろいかないと」

「だね」

「ちゃんと学校《がっこう》いけよ」

「まあ、そうするしかないしね」

「ハハッ。だよな。……さよなら」

ヤツが、区切《くぎ》りをつけるみたいにすうっと息《いき》を吸《す》った。

「じゃあね」

ぼくが右手《みぎて》で小《ちい》さくバイバイするのを見届《みとど》けてから、ヤツはタクシーへとむかって歩《ある》き始《はじ》め、タクシーの前《まえ》で少《すこ》し佇《たたず》んでから、こちらを振《ふ》り返《かえ》って手《て》を上《うえ》にむけた。

――〝お手上《てあ》げ〟ってこと？ ……あ、そうだった！

「ごめん！ 手《て》が届《とど》かないよね。忘《わす》れてた！」

ぼくは急《いそ》いでタクシーに駆《か》け寄《よ》り、ボスのためにドアを開《あ》けてあげた。

ヤツはタクシーの後部座席《こうぶざせき》に収《おさ》まり、ぼくにウィンクしてみせた。

バタン！

ドアが閉《し》まると、タクシーは走《はし》り出《だ》した。

左手《ひだりて》にメーメーを握《にぎ》りしめたまま、ぼくは手《て》を振《ふ》った。

ヤツもタクシーの窓越《まどご》しに手《て》を振《ふ》っていた。

ブウ――――ン

タクシーは、街路樹《がいろじゅ》に挟《はさ》まれた一本道《いっぽんみち》を走《はし》り抜《ぬ》けて、どんどん小《ちい》さくなっていった。

こうして、ボスは、きたときと同《おな》じように突然《とつぜん》、去《さ》っていった。

ぼくの完璧《かんぺき》な人生《じんせい》がまた返《かえ》ってきたんだ。

ガチャ

家《いえ》に戻《もど》ると、中《なか》には見慣《みな》れない連中《れんちゅう》が居《い》た。

宇宙服《うちゅうふく》みたいな服《ふく》を着《き》てる。とても小《ちい》さい。赤《あか》ん坊《ぼう》のサイズだ。

「赤《あか》ちゃんのことは忘《わす》れろ」「赤《あか》ちゃんのことは忘《わす》れて」

リビングでは、ママとパパが眠《ねむ》らされていて、その連中《れんちゅう》に魔法《まほう》の粉《こな》のようなものをかけられている。きっとこれが、ボスの言《い》っていた〝ベイビー社《しゃ》の対処法《たいしょほう》〟なんだろう。さしずめこの連中《れんちゅう》は、〝記憶処理員《きおくしょりいん》〟といったところだ。気持《きも》ち良《よ》く寝息《ねいき》を立《た》てているパパの顔《かお》を見《み》て、ふたりの記憶《きおく》は完全《かんぜん》に消《け》し去《さ》られたことが分《わ》かった。

〝記憶処理員《きおくしょりいん》〟たちは、２階《かい》からベビーベッドを運《はこ》び出《だ》していた。続《つづ》いて、マット。次《つぎ》にクマのぬいぐるみ。彼《かれ》らは、掃除機《そうじき》みたいな機械《きかい》で着々《ちゃくちゃく》とボスの痕跡《こんせき》を消《け》そうとしていた。ぼくは、その中《なか》から、ヤツが「愛《あい》の量《りょう》は限《かぎ》られてる」と説明《せつめい》したときのビーズコースターを取《と》り戻《もど》した。

ヤツが居《い》た赤《あか》ちゃん部屋《べや》には、もう何《なに》も残《のこ》っていなかった。がらんとした部屋《へや》の中《なか》で、ぼくはメーメーを手《て》に立《た》ちつくしていた。

ボス・ベイビーはボス・ベイビーで、いろいろあったみたいだ。

もちろん、念願通《ねんがんどお》りベイビー社《しゃ》に戻《もど》ったヤツは、ビッグ・ボス・ベイビーが率《ひき》いる社員《しゃいん》たちに熱烈《ねつれつ》な歓迎《かんげい》で迎《むか》えられた。

「われらがヒーロー！」

本社《ほんしゃ》の天井《てんじょう》には垂《た》れ幕《まく》が下《さ》がり、紙吹雪《かみふぶき》が舞《ま》い飛《と》んでいる。

「わっしょいわっしょい」「わっしょいわっしょい」

社員《しゃいん》たちに胴上《どうあ》げされたボス・ベイビーが、「昇進《しょうしん》おめでとう」と書《か》かれたケーキの上《うえ》にどさっと落《お》ちると、今度《こんど》は、社員《しゃいん》たちがふざけて生《なま》クリームを塗《ぬ》りたくった。

胴上《どうあ》げの次《つぎ》は、ビールかけならぬスーパーミルクかけ。哺乳瓶《ほにゅうびん》の先《さき》からほとばしるスーパーミルクが、ヤツにかけられ、ボス・ベイビーは、ジャンプして声援《せいえん》に応《こた》えた。このときまだ、ヤツは、ベイビー社《しゃ》に戻《もど》れた喜《よろこ》びで、大《おお》はしゃぎしていた。


廊下《ろうか》に飾《かざ》られていたスーパー・ウルトラ・ムチムチ・ビッグ・ボス・ベイビー、つまりフランシスの肖像画《しょうぞうが》は、ヤツの肖像画《しょうぞうが》に取《と》り換《か》えられていた。

そしてヤツは、念願《ねんがん》のおまる付《つ》きの角部屋《かどべや》を執務室《しつむしつ》として与《あた》えられた。

ピカピカの執務机《しつむづくえ》。

机《つくえ》の上《うえ》に揃《そろ》えられた社名入《しゃめいい》りのクレヨン。

はしごを登《のぼ》らないと座《すわ》れないくらいに高《たか》い椅子《いす》。

そのときにはもうボス・ベイビーも、自分《じぶん》の気持《きも》ちが「喜《よろこ》び」だけじゃないことに気《き》づいていた。

執務室《しつむしつ》の椅子《いす》は、机《つくえ》から落《お》ちたクレヨンを拾《ひろ》いにいくのも面倒《めんどう》になるような高《たか》さで、どうにもこうにも落《お》ち着《つ》かなかったし、あんなに夢見《ゆめみ》ていた黄金《おうごん》のおまるも、いざ座《すわ》ってみると、トイレットペーパーが遠《とお》すぎて手《て》が届《とど》かないような、ちょっぴり使《つか》いにくいトイレだった。

「うりゃあ」

ヤツは、机《つくえ》の上《うえ》にあるおもちゃの人形《にんぎょう》をクレヨンで倒《たお》しながら、ぼくと遊《あそ》んだ想像《そうぞう》ごっこを思《おも》い出《だ》していた。

ぼくの家《いえ》でも、廊下《ろうか》に飾《かざ》ってあった、ヤツの〝丸出《まるだ》し〟写真《しゃしん》が、ぼく一人《ひとり》だけの写真《しゃしん》に取《と》り替《か》えられてしまっていた。セーラー服姿《ふくすがた》のツーショットも、ぼく一人《ひとり》がセーラー服《ふく》を着《き》て照《て》れ臭《くさ》そうにしている写真《しゃしん》に替《か》わっている。

「赤《あか》ちゃんのこと、忘《わす》れたい？」

がっかりしているぼくに、〝記憶処理員《きおくしょりいん》〟が尋《たず》ねた。

「いや、いいよ。このままでいい」

「分《わ》かった」

こうしてボスは、あっという間《ま》に「この家《いえ》にはいなかった存在《そんざい》」になっていった。

♪♪♪♪～♪

家《いえ》では、ママとパパがこれまでと同《おな》じように、毎晩《まいばん》、あの歌《うた》を唄《うた》ってぼくを寝《ね》かしつけてくれた。

でもなぜだろう？

ちっとも嬉《うれ》しくないんだ。やっとママとパパを独《ひと》り占《じ》めできるようになったのに。

メーメーだって、もとの姿《すがた》に戻《もど》ってそばにいてくれるのに。

ぼくは、〝記憶処理員《きおくしょりいん》〟から取《と》り返《かえ》したビーズコースターを手《て》に取《と》った。

ヤツは言《い》っていた。

「愛《あい》の量《りょう》は限《かぎ》られてる。分《わ》かち合《あ》うのは無理《むり》なんだ。愛《あい》は俺《おれ》たちふたり分《ぶん》はない。十分《じゅうぶん》な数《かず》のビーズはないんだ」

ボス、本当《ほんとう》にそうなのか？
いや、ぼくはそうは思《おも》わない。

ぼくは決意《けつい》した。
机《つくえ》の引《ひ》き出《だ》しから、クレヨンと便《びん》せんを取《と》り出《だ》すと、書《か》き始《はじ》めた。
何《なに》を書《か》き始《はじ》めたのかって？

ボス・ベイビーへの手《て》紙《がみ》

〈ボス・ベイビーさま。
手紙《てがみ》を書《か》くのは苦手《にがて》だけど、『大事《だいじ》なことはレポートしろ』と君《きみ》に教《おそ》わったから、
書《か》くことにしたよ。
ぼくは、ビジネスを学《まな》んだことはないけど、幼稚園《ようちえん》で分《わ》かち合《あ》うことを習《なら》った。

もし、愛《あい》がぼくたちふたり分《ぶん》ないのなら、
ぼくの分《ぶん》は全部《ぜんぶ》君《きみ》にあげる。

だからさ、転職《てんしょく》する気《き》はない？

ハードな仕事《しごと》だし、給料《きゅうりょう》もいっさい出《で》ない。でも絶対《ぜったい》にクビにはならないのがいいところ。

それに、約束《やくそく》する。毎朝《まいあさ》、起《お》きたらぼくがそばに居《い》る。夕食《ゆうしょく》も毎晩《まいばん》一緒《いっしょ》。

誕生日《たんじょうび》パーティもクリスマスも。

これからずっと何年《なんねん》も何年《なんねん》も。

一緒《いっしょ》に年《とし》を取《と》って、君《きみ》とぼくは兄弟《きょうだい》になるんだ。

永遠《えいえん》に――〉

手紙《てがみ》には、たくさんのビーズを詰《つ》めた小包《こづつみ》もつけておいた。

「目覚《めざ》めよ、小《ちい》さき者《もの》。午前《ごぜん》7時《じ》じゃ」

ウィジーに起《お》こされ、ぼくはしぶしぶ目《め》を覚《さ》ました。

「なんで起《お》きなきゃいけないの？」

「午前《ごぜん》7時《じ》だからじゃ。そなたを起《お》こすのがわしの仕事《しごと》。なのにそなたは屁理屈《へりくつ》をこねよって」

ぼくはベッドから降《お》りると、窓《まど》へと駆《か》け寄《よ》って外《そと》を見《み》た。

今日《きょう》もボスは帰《かえ》ってこないのか。

手紙《てがみ》、ちゃんと届《とど》いたのかなあ。

プップー
クルマのクラクションがなった。黄色《きいろ》いタクシーが家《いえ》の前《まえ》に停《と》まる。ぼくは部屋《へや》を出《で》ると、キックスケーターを使《つか》って玄関《げんかん》へと急《いそ》いだ。

「ティム、ほら、見《み》て♥」

玄関《げんかん》には、ママとパパ、そして赤《あか》ちゃんがいた。

「うきゃ〜！」

ママの腕《うで》に抱《だ》かれた赤《あか》ちゃんがぼくに笑《わら》いかける。

「ティム、この子《こ》がお前《まえ》の……」

「弟《おとうと》だ！」

ぼくはパパが言《い》おうとしていた言葉《ことば》を先取《さきど》りして叫《さけ》んだ。

「本当《ほんとう》にきたんだね。戻《もど》ってきてくれたんだ。お帰《かえ》り」

ぼくは赤《あか》ちゃん、つまりボスをママから受《う》け取《と》ると、ぎゅーっと抱《だ》きしめた。ヤツもぼくの肩《かた》に顔《かお》をうずめて笑《わら》っている。

「赤《あか》ちゃんの名前《なまえ》は、セオドア・リンジー・テンプルトンだ」

「プッ。リンジーだって？」

ぼくは噴《ふ》き出《だ》してしまった。女《おんな》の子《こ》みたいなミドルネームをつけられてしまうのは、テンプルトン家《け》に生《う》まれた男《おとこ》の子《こ》の宿命《しゅくめい》なんだろう。

「うえっうえ〜〜〜ん」

ヤツが泣《な》き出《だ》した。ミドルネームが気《き》に入《い》らないに違《ちが》いない。

「じゃあ、こうだ。コチョコチョコチョコチョ〜」

「きゃっきゃっ」

足《あし》の裏《うら》をくすぐると、ヤツは嬉《うれ》しそうに笑《わら》った。
「ミルクよ」
ママから渡《わた》された哺《ほ》乳瓶《にゅうびん》をくわえさせると、ヤツはゴクゴクと飲《の》みながら、瓶《びん》を支《ささ》える
ぼくの手《て》をパチンと叩《たた》いた。そうだ。それでこそボスだ。

エピローグ

これがぼくの物語《ものがたり》、いや、ぼくたちの物語《ものがたり》だ。

ぼくたち家族《かぞく》を守《まも》ってくれてたパーフェクトな三角形《さんかくけい》は、今《いま》はハートの形《かたち》になって、ぼくたち4人家族《にんかぞく》を包《つつ》んでくれてる。

ぼくにとっても、弟《おとうと》にとっても、ハッピーエンド。めでたしめでたし。

……パパが読《よ》んでくれた本《ほん》の最後《さいご》のページに、家族写真《かぞくしゃしん》があった。若《わか》い頃《ころ》のおじいちゃんとおばあちゃん。そして、7歳《さい》だったパパと、赤《あか》ちゃんだったボス・ベイビー。

「ねえ、これってホントにあった話《はなし》？」

「パパの記憶《きおく》ではね。だから、もしかすると、すべてパパの想像《そうぞう》ごっこだったのかもしれない。でも、確《たし》かに分《わ》かったことがひとつある」

「何《なに》？」

「愛《あい》はみんなにいき渡《わた》るってこと」

「わたしにも？」

「もちろん。お前《まえ》には特別《とくべつ》にたくさん。おっと、テッドおじさんがきたぞ」

パパの弟《おとうと》、テッドおじさんがスーツ姿《すがた》で現《あらわ》れた。こんなときにもスマートフォンをいじっていて、相変《あいか》わらず忙《いそが》しそう。

「やあ、妹《いもうと》が生《う》まれたそうだな」

「妹《いもうと》なんかより、馬《うま》が良《よ》かったのに」

「だったらこれで、馬《うま》を買《か》うといい」

おじさんがお札《さつ》をばらまいた。おじさんは、いつもこうやっておこづかいをくれる。なんでもお金《かね》で解決《かいけつ》しようとするんだよね。

「立派《りっぱ》になったな、レズリー」

「お前《まえ》もな、リンジー」

パパとおじさんは、いつも恥《は》ずかしいミドルネームをお互《たが》いに呼《よ》び合《あ》って、おじさんのグーをパパがパーで挟《はさ》むスタイルで握手《あくしゅ》する。子《こ》どもの頃《ころ》から、こうしてるんだって。

パパとおじさんが話《はな》している間《あいだ》、わたしは、新生児室《しんせいじしつ》にいる妹《いもうと》を覗《のぞ》きにいった。

妹《いもうと》は、小《ちい》さなベッドで、お布団《ふとん》をかぶってすやすや寝《ね》ていた。こうして見《み》ていると、そこそこかわいく見《み》えなくもない。

「わたしがお姉《ねえ》ちゃんよ」

ガラス越《ご》しに呼《よ》びかけると、新生児室《しんせいじしつ》の中《なか》の赤《あか》ちゃんは、起《お》き上《あ》がって、あくびをした。

「ハッ！」

白《しろ》いシャツにネクタイ、そしてジャケット。

なぜ、赤《あか》ちゃんがスーツを着《き》てるの？

バチン！

息《いき》を呑《の》むわたしに、妹《いもうと》はウインクまでしてみせた。

やれやれ。

どうやら、これからは、わたしたちの物語《ものがたり》が始《はじ》まるみたい。

おわり

★小学館ジュニア文庫★ ワクワク、ドキドキがいっぱいのラインナップ

〈ジュニア文庫でしか読めないオリジナル〉

いじめ 14歳のMessage
お悩み解決！ ズバッと同盟 長女VS妹、仁義なき戦い!?
お悩み解決！ ズバッと同盟 おしゃれコーデ、対決!?
緒崎さん家の妖怪事件簿
緒崎さん家の妖怪事件簿 桃×団子パニック！
緒崎さん家の妖怪事件簿 狐×迷子パレード！
華麗なる探偵アリス&ペンギン
華麗なる探偵アリス&ペンギン ワンダー・チェンジ！
華麗なる探偵アリス&ペンギン ミラー・ラビリンス
華麗なる探偵アリス&ペンギン サマー・トレジャー
華麗なる探偵アリス&ペンギン トラブル・ハロウィン
華麗なる探偵アリス&ペンギン ペンギン・パニック！
華麗なる探偵アリス&ペンギン ミステリアス・ナイト
華麗なる探偵アリス&ペンギン アリスVS.ホームズ
華麗なる探偵アリス&ペンギン アラビアン・デート
華麗なる探偵アリス&ペンギン パーティ・パーティ

きんかつ！
きんかつ！ 恋する妖怪と舞姫の秘密
ギルティゲーム
ギルティゲーム stage2 無限駅からの脱出
ギルティゲーム stage3 ペルセポネー号の悲劇
ギルティゲーム stage4 ギロンバ帝国へようこそ！

銀色☆フェアリーテイル ①あたしだけが知らない街
銀色☆フェアリーテイル ②きみだけに贈る歌
銀色☆フェアリーテイル ③夢、それぞれの未来
ぐらん×ぐらんぱ！ スマホジャック
ぐらん×ぐらんぱ！ スマホジャック ～恋の一騎打ち～
12歳の約束

女優猫あなご

白魔女リンと3悪魔
白魔女リンと3悪魔 フリージング・タイム
白魔女リンと3悪魔 レイニー・シネマ
白魔女リンと3悪魔 スター・フェスティバル
白魔女リンと3悪魔 ダークサイド・マジック
白魔女リンと3悪魔 フルムーン・パニック
白魔女リンと3悪魔 エターナル・ローズ
天才発明家ニコ&キャット
天才発明家ニコ&キャット キャット、月に立つ！
謎解きはディナーのあとで
のぞみ、出発進行!!
バリキュン!!
ホルンペッター
ぼくたちと駐在さんの700日戦争 ベスト版 闘争の巻

さくら×ドロップ　レシピ1：チーズハンバーグ
ちえり×ドロップ　レシピ1：マカロニグラタン
みさと×ドロップ　レシピ1：チェリーパイ
ミラチェンタイム☆ミラクルらみい
メデタシエンド。～ミッションはおとぎ話のお姫さま……のメイド役!?～
メデタシエンド。～ミッションはおとぎ話の赤ずきん……の猟師役!?～
もしも私が【星月ヒカリ】だったら。
ゆめ☆かわ　ここあのコスメボックス
ゆめ☆かわ　ここあのコスメボックス　ヒミツの恋とナイショのモデル

夢は牛のお医者さん
螺旋のプリンセス

〈思わずうるうる…感動ストーリー〉

きみの声を聞かせて　猫たちのものがたり―まぐ・ミクロ・まる―
こむぎといつまでも―余命宣告を乗り越えた奇跡の猫ものがたり―
世界からボクが消えたなら　映画「世界から猫が消えたなら」キャベツの物語
世界から猫が消えたなら
世界の中心で、愛をさけぶ
天国の犬ものがたり～ずっと一緒～
天国の犬ものがたり～わすれないで～
天国の犬ものがたり～未来～
天国の犬ものがたり～夢のバトン～
天国の犬ものがたり～ありがとう～
天国の犬ものがたり～天使の名前～
天国の犬ものがたり～僕の魔法～

動物たちのお医者さん
わさびちゃんとひまわりの季節

〈発見いっぱい！　海外のジュニア小説〉

シャドウ・チルドレン1　絶対に見つかってはいけない
シャドウ・チルドレン2　絶対にだまされてはいけない

次はどれにする？　おもしろくて楽しい新刊が、続々登場!!

Shogakukan Junior Bunko

★小学館ジュニア文庫★

ボス・ベイビー

2018年 3 月19日　初版第 1 刷発行
2018年 7 月23日　　　第 5 刷発行

著者／日笠由紀

発行人／立川義剛
編集人／吉田憲生
編集／油井 悠

発行所／株式会社　小学館
〒101-8001　東京都千代田区一ツ橋２－３－１
電話　編集　03-3230-5105
販売　03-5281-3555

印刷・製本／中央精版印刷株式会社

デザイン／原茂美希

http://bossbaby.jp/
Printed in Japan　ISBN 978-4-09-231212-8